典籍里的中国

神话传说

有书 编著

天地出版社 | TIANDI PRESS

图书在版编目（CIP）数据

典籍里的中国. 神话传说 / 有书编著. -- 成都：
天地出版社, 2025.7. -- ISBN 978-7-5455-6574-4

Ⅰ. K203

中国国家版本馆CIP数据核字第2025KM6906号

DIANJI LI DE ZHONGGUO · SHENHUA CHUANSHUO

典籍里的中国·神话传说

出 品 人	杨　政
编　著	有　书
责任编辑	燕啸波
责任校对	张思秋
封面设计	刘　洋
内文排版	谢　彬
责任印制	王学锋

出版发行	天地出版社
	（成都市锦江区三色路238号　邮政编码：610023）
	（北京市方庄芳群园3区3号　邮政编码：100078）
网　址	http://www.tiandiph.com
电子邮箱	tianditg@163.com
经　销	新华文轩出版传媒股份有限公司

印　刷	河北鑫玉鸿程印刷有限公司
版　次	2025年7月第1版
印　次	2025年7月第1次印刷
开　本	710mm×1000mm　1/16
印　张	9
字　数	104千字
定　价	32.00元
书　号	ISBN 978-7-5455-6574-4

序

　　中华典籍浩如烟海，传承了中国历史与文化，蕴含了先民智慧与警示。打开这套《典籍里的中国》，你将感受到中华民族五千多年的底蕴和力量。

　　你会在《山海经》《竹书纪年》《周礼》《淮南子》《论衡》等典籍中看到凤凰居住的地方、周穆王和西王母会面、掌管四季的神明、彭祖长寿的秘密，这是一次想象力的探险，是对世界最初的好奇与探索；会在《左传》《列子》《吕氏春秋》《战国策》等典籍中了解同舟共济、管鲍之交、破釜沉舟的典故，以及邯郸学步、郑人买履、滥竽充数的寓言，这些故事充满智慧，字字珠玑；也会在《诗经》《楚辞》《乐府诗集》《全唐诗》等典籍中看到屈原、李白吟诗作对，仿佛参与诗词诞生的过程，领略韵律之美、意境之美、情感之美；还会在《礼记》《世说新语》《昭明文选》《古文观止》等典籍中发现令人赞叹的思想和文采，这里汇聚了深刻的人生哲理，为你的人生指明方向。

　　在这里，我们将从典籍中的神话、典故、诗词、古文中认识中国、了解中国，并汲取其中的智慧，创造未来的中国。

目 录

《山海经》

保存古代神话资料最多的著作

关于作品

《山海经》：全书共有十八卷，包括《山经》五卷和《海经》十三卷。全书涉及历史、地理、民俗、神话、生物、水利、植物、矿产、医药等诸多方面内容，是一部记载上古社会生活的重要文献。

关于作者

作者不详，各卷成书年代并没有定论，显然并非出自一时和一人之手。

瑞鸟凤凰

> 有鸟焉，其状如鸡，五采而文，名曰凤皇，首文曰德，翼文曰义，背文曰礼，膺（yīng）文曰仁，腹文曰信。是鸟也，饮食自然，自歌自舞，见则天下安宁。
>
> （选自《山海经·南山经》）

凤凰被称为百鸟之王，也有人说凤凰不是一只，而是两只，雄的叫"凤"，雌的叫"凰"。凤凰是中国古代图腾文化的代表之一，也是祥瑞的代名词，它只有在仁君当政、天下太平时才会降临人间。

有着众多美誉的凤凰是极其珍贵的鸟，就连尊贵的黄帝也曾经好奇地问自己的大臣："凤凰长什么样子？"大臣回答道："凤凰的前半段像鸿雁，后半段像麒麟，有着蛇的脖子，鱼的尾巴，龙的文彩，乌龟的脊背，燕子的下巴，鸡的嘴……"这听起来好像只是对凤凰的一种夸大想象，而非事实。要想探寻到凤凰的踪迹，需要翻越几座山峦，才能抵达凤凰的居住地。

在《山海经》中有很多山，书中记载的第一座山是南方的招摇山，这里满山都是珍贵的玉石。山上有一种吃了就不会饿的仙草叫祝余；

有一种树木，开的花会发光，将花带在身上不会迷路；山中还有一种神兽叫狌（xīng）狌，它外形长得像猿猴，却有一对可爱的白耳朵。

沿着招摇山继续往东走，经过堂庭山、即翼山、枏（niǔ）阳山，来到柢（dǐ）山，在这座山的山坡上住着一种奇怪的鱼，名字叫鯥（lù）。它的外形像牛，鸣叫的声音也像牛，却长着蛇一样的尾巴，肋骨上还有一对翅膀，总是在天上飞来飞去。

再往东走，在亶（chán）爰（yuán）山有一种长着长头发的猫，在基山有一种神兽叫猼（bó）訑（shì），人披上猼訑的皮，就会变得非常勇敢。还有一种鸟，外形像鸡，却长着三个脑袋、六只眼睛、六只脚、三个翅膀，如果人吃了它的肉，就会变得很精神，再也不会打瞌睡了。

青丘山就在眼前了，在这里有神兽九尾狐，长着九条尾巴，声音好像婴儿的哭声。还有叫声好像在骂人的鸟，名字叫灌灌。有一种鱼叫赤鱬（rú），长得像普通的鱼，却有一张人脸。

从青丘山走到箕（jī）尾山，走完这座山后，《山海经》所记载的南方第一列山系就走完了。但还没有找到凤凰的踪迹，我们需要继续往前走。前方是南方的第二列山系，此山系的第一座山是柜（jǔ）山，这里有一种神兽叫狸力，外形像普通的小猪，却长着两对鸡爪，叫声又像狗叫。还有一种神鸟叫鴸（zhū），只要它出现，就会有众多贤士被流放，传说它是尧的儿子丹朱死后所变成的鸟。

柜山的东南方向有一座长右山，山中有一种怪兽叫长右，它的外形像猿猴却长着四只耳朵，只要它出现就会发生大水灾。再东边是尧光山，山的南面是玉石，山的北面有金属，有一种神兽叫猾裹（huái），叫声好像在砍木头，只要它出现一定会有繁重的徭（yáo）役（yì）。

走啊走啊，走过了很多座山，终于来到了南方的第三列山系，这里的第三座山就是凤凰所在的丹穴山，山上有丰富的矿藏资源和珍贵的玉石，凤凰优哉游哉地生活在这里。凤凰的外形看上去像鸡，却身披绚丽的五彩羽毛。它头上的花纹是"德"字的形状，翅膀上的花纹是"义"字的形状，背部的花纹是"礼"字的形状，胸部的花纹是"仁"字的形状，腹部的花纹是"信"字的形状。

凤凰在丹穴山上，快乐地饮食，悠然地生活，自由自在地跳舞和唱歌。天帝帝俊（qūn）是凤凰的好朋友，经常和凤凰一起玩耍。大多数时候凤凰都在仙界快乐地生活着，只有当人间有一位仁君当政，出现太平繁荣的景象时，或者是预告圣人诞生时，凤凰才会从仙界离开，出现在人间。所以在中国古代凤凰逐渐成了祥瑞的代名词，凤凰的现身也证明着君王的德行，预示着政局的平稳。为此，中国古代的帝王贤臣都渴望见到凤凰。

值得一提的是，在西方神话中有被称为"phoenix"的长生鸟，存活五六百年后，在柴堆上自焚，又从灰烬中重生，并开始另一个生命的轮回。1920年，郭沫若将中国古代的凤凰与西方神话中的"phoenix"联系在一起，创作出了诗歌《凤凰涅（niè）槃（pán）》，描绘凤凰集香木自焚，从死灰中重生的情节，表达了彻底埋葬旧社会、争取祖国自由解放的思想。中国古代神话传说中并没有凤凰浴火重生的说法，郭沫若的创作是一次文化的融合与创新，赋予了凤凰新的寓意和内涵。由于这首诗的广泛传播和深刻影响，"凤凰涅槃"的概念逐渐被人们熟知，并成了一个具有象征意义的典故，用来比喻不屈不挠的奋斗精神，或经历磨难后获得重生般的重大改变。

思考与启示

　　在瑞鸟凤凰的身上有着德、义、礼、仁、信的花纹，它象征了古人对高尚品德的追求。这些品德传承至今，构成中华民族的传统美德。我们要继续传承这些美好的品德，始终以道德规范自己的言行；敢于为正义发声，维护公平公正的社会秩序，不畏惧权势；遵守礼仪规范，尊重他人的文化、习俗和个性，以礼待人；怀有仁爱之心，关心他人疾苦，乐于助人，学会理解、包容和关爱；言行一致，信守承诺，不欺骗他人，不弄虚作假。只有这样，我们才能赢得他人的信任和尊重，建立良好的人际关系和社会秩序。

拓展阅读

中国古代的四大灵兽

　　相传在中国古代有四种灵异的动物，被称为"四灵"。在《礼记·礼运》中，四灵指的是麟（lín）、凤、龟和龙。其中凤就是前面介绍的瑞鸟凤凰，其他三个神兽也代表着祥瑞。

　　麟就是麒麟，传说麒麟形状像鹿，只有一只角，全身生着鳞甲，蹄子像马，尾巴像牛。麒麟被认为是祥瑞之兽，如子孙昌盛称"麟趾（zhǐ）"，可贵的人才或事物称之为"麟角"，品格高尚的人称之为"麟凤"，"麟阁"表示卓越的功勋和最高的荣誉。

龟是四灵中唯一能在现实生活里看见的，又因为龟的长寿，便有了"龟一千年生毛，寿五千岁谓之神龟，寿万年曰灵龟"的说法，意思是说，一千年的龟身上会长毛，五千年的龟被称为神龟，一万年的龟被称为灵龟。龟象征着逢凶化吉和长寿。

龙在传说中有鳞有爪，能上天入水，兴云布雨，代表着吉祥、活力和勇敢。龙后来成为帝王的象征，帝王们把龙看成是无所不能的神灵，是神仙的坐骑（qí），是腾飞的象征，是福泽皇家的瑞兽。老百姓则将龙人格化，希望龙保佑他们风调雨顺、国泰民安。

对于四灵，其他古代典籍也有不同的说法，比如在古代地理著作《三辅黄图》中，四灵指的是苍龙、白虎、朱雀、玄武，它们也被合称为四方四神，分别代表着东方之神、西方之神、南方之神和北方之神。

太阳女神羲和

> 东南海之外，甘水之间，有羲（xī）和之国。有女子名曰羲和，方浴日于甘渊。羲和者，帝俊之妻，生十日。
>
> （选自《山海经·大荒南经》）

在遥远的东南海之外，有一个叫羲和的国家。羲和国里住着一位名叫羲和的女子，她是天帝帝俊的妻子，生下了十个太阳。

羲和非常疼爱自己的孩子们，她经常带着十个太阳在甘渊洗澡，甘渊的水是从甘山上流出的甘水，那儿的水十分甜美。又因为甘渊在黑齿国下面的一个山谷里，所以甘渊也叫汤谷。

十个太阳都非常调皮，要给他们洗澡可不是一件容易的事情，不过羲和母亲总是很有耐心地陪着孩子们，直到把十个太阳都洗得干干净净。

洗完澡的太阳们要睡觉了，他们的家就住在汤谷中间的扶桑树上，这是一棵高大茂密的树，高几千丈，粗几千丈。每天晚上有九个太阳睡在这棵扶桑树下，有一个太阳睡在树枝上。睡在树枝上的太阳会在早上被母亲羲和喊醒，并在母亲的陪伴下去执行自己照耀人间的工作，等这个太阳回来了，再换另一个太阳出去，就这样十个太阳轮流出现在天空。因此，虽然有十个太阳，人们却只能看到一个太阳。

无论是哪个太阳出去工作，羲和都会天天陪伴着。每天，羲和会替值班的太阳准备好车子，他们将一起走十几个站点。当太阳从汤谷出来，升上扶桑树顶的时候，人们称这个时候叫"晨明"，也就是黎明；当太阳坐上母亲羲和给他准备的太阳神车时，这时被人们叫"朏（fěi）明"，也就是天刚刚亮；等太阳到达曲阿山时，叫旦明，此时天已经大亮了；到达水泽曾泉这个站点时，正是人们该用早餐的时间；到达桑野时，是用午餐的时间；到衡阳山顶时，正好接近中午的时间；到昆吾山时，是正午的时间；到鸟次的站点，这时候已经快下午了；到悲谷时该用晚饭了……人们根据太阳在天空中的位置，日出而作，日落而息。羲和也一直陪伴着太阳，直到他们来到悲泉这个站点，便停下车。还剩下的两站要太阳自己走完。

羲和经常不放心自己的孩子，她常常坐在车上等候着，目送自己的孩子走向虞渊，进了蒙谷，将最后一点阳光播撒在人间，才放心地驾车离开。羲和又回到东方的汤谷，然后等到第二天早上，继续陪伴第二个出去值班的孩子，开始新的一天。

思考与启示

　　人们的生产生活要遵循历法，太阳照射大地，有一个周期，这就是历法，人类生活必须遵循历法才能更好地发展。羲和每日准时升起太阳并使其准时落下，确保天地间的光明和秩序。这也启示人们在生活和工作中，应当坚守自己的职责，有责任感和使命感，对自己的工作负责，为社会做出贡献。

拓展阅读

有十二个月亮女儿的月亮女神

　　羲和是太阳女神，养育了十个太阳儿子。而天帝帝俊还有一位妻子名叫常羲，她是月亮女神，生了十二个月亮女儿。在《山海经·大荒西经》中有记载："有女子方浴月。帝俊妻常羲，生月十有二，此始浴之。"意思就是说帝俊的妻子常羲生了十二个月亮女儿，她经常在西方荒野的某个地方给月亮女儿们洗澡，大体流程应该与太阳女神给太阳儿子洗澡，送太阳去天上工作一样的。

　　羲和与太阳有关，常羲与月亮有关，她们的神话故事反映了古代先民对于太阳、月亮的升落等自然现象的观察和想象，以及对于天文历法的初步探索，比如羲和也被认为是传说中制定历法的女神，常羲则被认为和阴历月份有关。

通过这个神话故事我们不仅能了解中国古代文化的丰富内涵，还能感受到古人对自然的敬畏和对宇宙的好奇与思考。

精卫填海

又北二百里，曰发鸠（jiū）之山，其上多柘（zhè）木，有鸟焉，其状如乌，文首、白喙、赤足，名曰精卫，其鸣自诙。是炎帝之少女名曰女娃，女娃游于东海，溺而不返，故为精卫，常衔西山之木石，以堙（yīn）于东海。

（选自《山海经·北山经》）

在《山海经》记述的北山山系中有座山叫发鸠山，山上生长着很多柘树，柘树是一种桑树，树叶可以用来养蚕，果实可以吃。山中还有一种奇特的禽鸟，这鸟的外形像乌鸦，却有着花脑袋、白嘴巴和红爪子。它的叫声像在呼唤自己的名字："精卫……精卫……"没错，它的名字叫精卫。精卫原来并不是一只鸟，而是炎帝的小女儿变成的，这个变化的背后有一个神奇的故事。

传说炎帝有个女儿叫女娃，从小聪明活泼。有一天，她一个人来到东海边，她站在海边看着无边无际的大海，海风吹起一层层波浪，波浪涌上岸边亲吻她的小脚丫，她开心极了。她快乐地捡着贝壳、抓着螃蟹，却不知道危险马上就要来临了。先是几滴雨滴答滴答地落到海面上，紧接着雨很快哗哗地砸下来，是暴风雨来了。狂风卷着海浪哗的一下冲过来，刹那间就将女娲卷进了大海中。

女娲被大海吞没了。她想到自己年纪轻轻就要葬身于大海，还有很多事情没有来得及做；她想到自己还没有和好朋友告别；她想到自己将再也不能见到爸爸妈妈了，她感到前所未有的悲伤和愤怒。女娲不甘心就这样死去，于是，她的灵魂便化成了一只小鸟，这鸟外形像乌鸦，却有着花脑袋、白嘴巴和红爪子，这就是开头所说的"精卫"。以上便是女娲从炎帝的女儿变成精卫的故事。

从此以后，人们每天都能在东海看到一只小小的精卫鸟。她每天从发鸠山出发，飞到遥远的西山，从那里衔（xián）起一根小树枝或者一粒小石子，然后不辞辛苦地飞到东海，顶着呼啸的海风，将小树枝或者小石子从高空投进大海中，发誓要填平大海，这样就不会有人再被海浪吞噬（shì）。

尽管精卫看起来很渺小，但日复一日，年复一年，她不停地在西山和东海之间飞翔，好像有着无尽的生命力，人们相信总有一天，她会填平大海，让大海无法再危及人类的生命。

思考与启示

精卫鸟以其渺小之躯面对浩瀚大海却毫不退缩，这启示人们在面对困难和挑战时要有坚定的信念和顽强的毅力，无论过程多么艰巨，只要坚持不懈地努力，就有可能实现目标。

拓展阅读

关于精卫原型的猜想

关于精卫的原型，历来有诸多猜想。有一种说法认为精卫鸟的原型可能是白额雁，有两个原因支撑这一观点。

1. 外形相似。从《山海经》对精卫的描述"其状如乌，文首、白喙、赤足"来看，与我国白额雁在形貌上相似性比较高。白额雁的背部、颈部、尾部的羽毛是棕黑色的，与"乌"的羽色相近；白额雁的嘴边、头、额处都有白色横纹，与"文首""白喙"相吻合。

2. 行动相似。白额雁是候鸟，在西伯利亚繁殖，迁徙到我国长江下游一带越冬，中间经过山西与渤海碣（jié）石一带。白额雁在跨海迁徙时常常衔着一两尺长的树枝，疲倦的时候就将衔着的树枝放到海面上，在漂浮的树枝上暂时栖息，这与精卫填海的行动也极为相似。

　　虽然这种观点也仅仅是一种猜想，还有一些与史实不符的地方，但这个猜想有着极强的启发性。

夸父逐日

> 夸父与日逐走，入日。渴欲得饮，饮于河渭，河渭不足，北饮大泽。未至，道渴而死。弃其杖，化为邓林。
>
> （选自《山海经·海外北经》）

　　远古时期，在北方的荒野中，有一座名叫"成都载（zài）天"的山，山上生活着一个巨人部族，名字叫"夸父族"，他们是天神后土的子孙后代。夸父族里的人个个身材高大，力大无比，平时经常在耳朵上挂两条黄蛇，手上也拿着两条黄蛇，就是在这样的一个巨人族里，出现了一个天真而勇敢的人。

　　一天，一个夸父族人抬头看着天上的太阳，他突发奇想，决定和太阳赛跑。太阳在天上跑得飞快，这个夸父族人也不甘示弱，他抬起长腿，迈着大步向着太阳的方向飞奔而去。他穿过一座座大山，跨过一条条河流，大地都被他的脚步震得"轰轰"作响。他就这样不辞辛苦地一路追赶着太阳，一直追到禹谷，就是太阳落山的地方。此刻红彤彤的太阳就在夸父的眼前，仿佛他一伸手就能摸到。夸父感到无比欢欣，他只想赶快将太阳抱回去。于是，他张开巨大的双臂，准备抱住这团火辣辣的太阳，但太阳实在太热了，而且夸父跑了这么久，已经又累又渴，他需要先喝点水。于是夸父先是跑到黄河边，一口气将黄河水喝干，可他感觉还是不解渴，只好又跑到渭水边，将渭水也喝干了。这时，他仍然感到口渴，不得不又向北方跑去，那里有绵延千里的大泽，大泽也叫"瀚海"，十分宽广，那里的水应该够他喝了。但谁知夸父还没有跑到大泽，就在半路上又累又渴地倒了下去。

夸父倒下的时候，身体变成了巍峨高耸的夸父山，他掉落在一旁的手杖，化成了一片片枝繁叶茂的桃林，夸父的血汗变成了肥沃的土壤，培育着这一方桃林。冬去春来，这片桃林蔓延了数千里，桃树枝繁叶茂，长满了鲜美甜润的果子。夸父族的其他族人在追求光明的路上，就依靠着这片无边无际的桃林充饥解渴，精神抖擞地继续前行。

思考与启示

夸父逐日的故事，表达了上古劳动人民对光明的向往，以及征服大自然的雄心壮志。虽然最后夸父没有追到太阳，但他仍然是个英雄，因为他坚定、顽强、执着地追求理想。即使死后，他也为后人留下了一笔珍贵的财富，那就是一片可以帮助人们充饥解渴、继续前进的桃林，这进一步体现了夸父的奉献精神和牺牲精神。

大人国和小人国

除夸父之外，《山海经》中还多处提及大人国和小人国。

据《山海经·大荒东经》记载："东海之外，大荒之中……有波谷山者，有大人之国。有大人之市，名曰大人之堂。"这里描述了大人国，其国民身形巨大。《山海经·海外东经》中也有"大人国在其北，为人大，坐而削船"的记载，进一步描绘了大人国的人高大且能坐在那里撑船。

关于小人国，《山海经·大荒南经》记载："有小人，名曰焦侥之国，几姓，嘉谷是食。"这里的焦侥之国就是小人国，国民身材矮小。《山海经·海外南经》中提到："周饶国在其东，其为人短小，冠带。一曰焦侥国在三首东。"再次对小人国进行描述，指出其国民不仅矮小，还戴着冠带，有一定的文明特征。

除了《山海经》，西晋张华的《博物志》也有关于小人国的记载。"齐桓公猎，得一鸣鹄，宰之，嗉中得一人，长三寸三分，着白圭之袍，带剑持车，骂詈瞋目。"意思是说，齐桓公在打猎时捕获了一只鸟，在鸟贮存食物的嗉囊里发现了一个人。这人身材矮小，只有三寸三分长，身穿白色玉圭图案的长袍，还拿着剑，驾着车。这里虽未明确指出小人国，但可视为一种与小人国相关的奇闻记载。

在国外，英国作家乔纳森·斯威夫特的《格列佛游记》中也有对巨人国和小人国的精彩描写。主人公格列佛来到布罗卜丁奈格（巨人国），这里的居民身高是普通人的十几倍，他们的力量惊人，格列佛在巨人国显得无比渺小，经历了许多奇特的遭遇，如被当成玩物展示、与巨人互动等，生动地展现了巨人国的风土人情。利立浦特（小人国）的国民身高仅六英寸左右，格列佛在小人国凭借自己相对庞大的体型，帮助小人国解决了一些问题，但也引发了一系列的矛盾和冲突。

大禹治水

> 洪水滔天。鲧（gǔn）窃帝之息壤（rǎng）以堙洪水，不待帝命。帝令祝融杀鲧于羽郊。鲧复生禹。帝乃命禹卒布土以定九州。
>
> （选自《山海经·海内经》）

在上古时期，发生了一场可怕的大洪水，洪水滔天、旷日持久，将人类的农田和房屋都淹没了，人们不得不背井离乡到处迁徙，吃不饱、穿不暖，整日辛苦地漂泊着。在天上有一位叫作鲧的神看到这一切，内心感到十分悲痛，他决定帮助人类。

鲧是黄帝的孙子，他劝说祖父停止洪水，但祖父并没有听从他的意见。正在一筹莫展时，他听说黄帝有一个名为息壤的宝贝，可以平息洪水。于是，鲧趁祖父不注意的时候，偷偷拿走了息壤。息壤是一种生长不息的土壤，只要小小的一块，就能筑成河堤，积成山峰，滔天的洪水很快就得到平息。可就在人类要重建家园的时候，黄帝知道了这件事情，他为鲧的背叛勃然大怒，于是派火神祝融下来，把鲧杀死在羽山，并拿回了剩余的息壤。

羽山在北极之阴，不仅是太阳照不到的地方，附近还有可怕的幽都，也就是我们现在所认为的地狱。在这样凄冷的环境下，鲧的灵魂仍然牵挂着受洪水侵袭的人类，他想着人类再次受到洪灾的伤害，万分悲痛。或许就是这颗仁爱之心让他的尸体三年不曾腐烂，而且他的肚子还变得越来越大，好像还活着一样。

黄帝听说此事后，担心将来鲧会变成精怪，对自己不利，于是派了一个天神拿着一把名叫"吴刀"的宝刀来到羽山。此天神来到羽山后，听从黄帝的命令，用吴刀剖开了鲧的尸体，此时奇怪的事情发生了，一条龙从鲧的肚子里跳了出来，这条龙就是大禹。

大禹在父亲鲧的体内被孕育了三年，得到了父亲的所有神力。他要继续完成父亲没有完成的治水任务。此时的黄帝也被鲧腹生禹的奇异所震惊，这次他毫不犹豫地将息壤借给了大禹，还派应龙辅助大禹前去治水。

于是，大禹带着应龙和大大小小的龙去平定洪水。大禹一方面像父亲那样用息壤堵塞洪水，同时他还有着自己的治水理念，他将整个国家的山水湖泽作为一个整体进行治理。他先治理土地，疏通河道，使许多地方的土地变得肥沃，河道变得畅通，这样水流就会待在水道之中，不至于四处泛滥；然后大禹开始治理山川，包括岐山、荆山、太岳山和太行山等，他将山石固定，这样就疏通了许多水道的源头，使水从山上顺畅地流入河道。

大禹为治理洪水，走遍了九州土地。在这个过程中，他遇到了很多困难，但他不畏险阻，勇往直前，比如他勇敢地和水神共工决斗，在治理淮水时，降伏了水中怪兽无支祁等。另外，他还得到了很多人民群众和天神的帮助，比如有一位叫伯益的天神就是他最有力的助手之一。大禹为了治理洪水，整日忙碌地工作着，直到三十岁才和涂山的姑娘女娇结婚，不过结婚后才四天就又离开新婚妻子，前去其他地方治理洪水，在这期间曾经三次路过家门而不入。

大禹治水花费了整整十三年的时间，在他的努力下，原本凶猛咆哮的河水变得温和顺畅；昔日被淹没的山陵，重新显露出雄伟的景象；农田也变成了丰饶的粮仓，人民安居乐业，过上了幸福富足的生活。后来的人们非常感激大禹的贡献，为了纪念他修建了庙宇，尊他为"禹神"。

思考与启示

大禹治水的成功关键在于他正确使用疏导的方法治理洪水，这启示我们在面对自然挑战时要深入了解自然规律，尊重自然、顺应自然，而不是强行对抗，只有掌握了自然的规律，才能做出科学合理的决策，有效地解决问题。大禹在治水过程中，根据不同地区的地形、水流等特点，采取了不同的治理措施，告诉我们在解决问题时不能一概而论，而要因地制宜，具体问题具体分析。

历史上的大禹治水

很多学者认为大禹治水是有历史依据的事实，在春秋战国至两汉时期的典籍，如《诗经》《尚书》《左传》《春秋》《山海经》《淮南子》中均有关于洪水和大禹治水的记载。

关于大禹治水的区域目前还颇有争议，一种认为大致在黄河、海河和淮河三大流域的交汇地带，即华北平原核心区（河北东南部、山东西部和河南中部区域），一种认为可能仅限于今天的河南东部和鲁西南地区。

大禹治水的功绩可能有夸大和美化的成分，但他治水的方法主要是疏导而非堵截，这种方法在当时是较为先进和有效的，不仅解决了当时的洪水问题，也为后世提供了宝贵的经验。

有一种观点认为大禹在治水的过程中增强了个人权威，促进了各部落之间的融合，最终促进了国家机构的建立和完善，所以大禹也被认为是夏朝的始祖。他还是尧舜时期禅让制转向世袭制的重要推动者，尧将王位禅让给舜，舜将王位禅让给大禹，大禹建立了中国历史上第一个朝代——夏朝。但大禹之后，其子启夺取王位，用世袭制代替了禅让制。

黄帝战蚩尤

> 蚩（chī）尤作兵伐黄帝，黄帝乃令应龙攻之冀（jì）州之野。应龙畜水，蚩尤请风伯雨师，纵大风雨。黄帝乃下天女曰魃（bá），雨止，遂杀蚩尤。
>
> （选自《山海经·大荒北经》）

黄帝是中国古代神话传说中的五天帝之一，位居中央，是中央之神，与东方天帝伏羲、南方天帝神农、西方天帝少昊、北方天帝颛（zhuān）顼（xū）并称为五天帝。传说，黄帝有四张脸，东西南北四方发生的事情都逃不开他的眼睛。不过，别看他这么厉害，在刚成为中央天帝的时候，他的天帝宝座坐得并不安稳，也有天神想要和他争夺天帝之位。黄帝与众天神的争斗，最有名的就要数他和蚩尤的那场大战。

蚩尤自称是炎帝的子孙后代，有八十一个兄弟，个个都是身高数丈的巨人，据说半人半兽长得很奇怪，他们吃的食物也很奇怪，有沙子、石头和铁块等。他们不仅擅长制造刀枪、弓弩（nǔ）等兵器，还拥有着巨大的神力。正因为有这些本领，蚩尤才不想屈居黄帝之下，他想自己做中央之神。

战争由蚩尤率先发起进攻，他带领着骁（xiāo）勇善战的苗民和南方山林水泽间的怪神们从南方浩浩荡荡地杀向了涿（zhuō）鹿之地。黄帝先是用仁义道德劝说蚩尤停战，蚩尤不仅不听从，还利用鬼怪施展法术，制造了满天大雾，让黄帝和他的战士们在战场上迷失了方向。

"冲啊，冲啊……"黄帝一边大喊着，一边带领他的将士不停地寻找突围的机会，可是整个天地仿佛都被大雾罩住了一样，怎么都找不到方向。这时，黄帝竟然发现有一个臣子正在打瞌睡偷懒。黄帝生气地斥责："风后，你怎么回事？"这位名叫风后的臣子慢悠悠地睁开眼睛，他说："莫着急，我正在想办法。"

风后想啊想啊，想得黄帝都不耐烦的时候，突然开始拿起木头做起木工活儿来。"这又是干什么？"黄帝很是不解，直到一辆奇怪的车出现在他眼前。

"这是什么？"黄帝问道。

"这是指南车，车子的前面有一个铁制的小仙人，伸出手臂正指向南方，可以带我们走出迷雾。"风后一边解释，一边操作着，果然黄帝的军队跟着指南车走，很快就突出重围，走出了迷雾。

一招不成，再来一招。蚩尤紧接着派出鬼怪们进行第二波进攻，这次的招数是鬼怪们的迷幻魔音。这些鬼怪们会发出一种魔音，凡是听到这种恐怖声音的人都会失去意识，迷迷糊糊地听从鬼怪们的指挥。黄帝看着很多士兵被怪声迷惑，连忙让人用牛羊角制作成号角，吹出龙吟的声音。鬼怪们最害怕龙吟声，听到后四处逃散。黄帝成功化解了蚩尤的攻势，他乘胜追击召来了应龙对抗蚩尤军队，应龙不仅能发出龙吟的声音，还能够操纵江河中的大水。黄帝心想这下肯定能大胜，但不料蚩尤请来了掌管天气的风伯和雨师，引发了狂风暴雨。应龙被风伯和雨师召唤的风雨压制，无法施展本领，黄帝的军队遭受了重大损失。

黄帝无奈之下，请来了自己的女儿天女魃。天女魃全身散发着极高的温度，体内充满世界上最炽热的火焰，无论有多少水，她都能烤干。天女魃上阵后，风伯和雨师引发的暴风骤雨瞬间停止，天空中烈日高挂，地面上的水也被烘干了。蚩尤的部下难以应战，应龙率领部队发起冲锋，击溃了蚩尤，并杀死了蚩尤好几个兄弟。

这次战争虽然让蚩尤损失惨重，但黄帝这方也损失不小，天女魃因为帮助父亲，力量消耗太多，再也不能上天了，后来成了被人类讨厌的旱魃，被赶来赶去。

黄帝为了彻底打败蚩尤，使出了一个有些残忍的大招，那就是用夔（kuí）牛的皮做了一面军鼓，并杀了雷神，用雷神的骨头作为鼓槌（chuí）敲击夔牛鼓，夔牛鼓发出的响声惊天动地，比雷声还要大，而且发出的声音能传到五百里之外，把蚩尤的兄弟们震得魂飞魄散。

这次交锋让蚩尤损失惨重，不甘心的蚩尤想到了夸父族的巨人，他们同样与黄帝势不两立。在蚩尤的煽（shān）动下，夸父族迅速加入了战斗，有了夸父族的加入，蚩尤的军队再次变得强大起来，黄帝对夸父族的加入感到非常苦恼。

不过，蚩尤有夸父族的帮助，黄帝也得到了玄女的帮助。玄女传授给黄帝一部兵法，黄帝经过学习掌握了行军布阵等军事谋略。黄帝利用学到的谋略很快击败了蚩尤和夸父族。最终夸父族的巨力还是败给了黄帝的智慧。

这场黄帝和蚩尤的大战，就以黄帝的胜利结束了。

思考与启示

黄帝一方在战争中运用了诸多智慧和策略，如指南车、兵法等，这提醒人们在面对挑战时，不能仅凭蛮力，而要善于思考、运用智慧，制定合理的策略。人们也要具备适应环境变化的能力，并且勇于进行变革与创新，才能跟上时代的步伐，不被淘汰。

拓展阅读

古代部落战争

黄帝战蚩尤的故事在一定程度上反映了中国古代原始社会末期部落联盟的战争情况。在当时的中国大地上，主要有三大部落联盟：华夏部落联盟、东夷部落联盟、苗蛮部落联盟。

华夏部落联盟最强大，以黄河中上游为主要活动范围。炎帝、黄帝以及后来的尧舜禹均出自这里。而东夷部落联盟，主要活跃在中国东部及沿海地带。苗蛮部落联盟，主要活动在长江流域及其以南地区，主要有三苗、九黎等部落。蚩尤是其中九黎部落的首领。除了三大部落联盟，还存在着一些小的部落。

　　氏族部落之间，为了生存与发展的需要会爆发战争，最有代表性的战争有阪泉之战、涿鹿之战、三苗之战等。

　　部落之间的战争也促进了部族的迁徙和融合，对中华早期文明的发展产生了重大影响。

刑天舞干戚

蚩尤死后，又有一位天神想要争夺黄帝的天帝之位，他就是刑天。

刑天原本是炎帝手下的臣子，他身强力壮，勇猛善战，同时又非常擅长音乐，在炎帝还是宇宙统治者的时候，曾为炎帝作《扶犁》之乐，制《丰年》之咏，总名称为《卜谋》，以歌颂当时人民幸福快乐的生活。 自从炎帝被黄帝打败后，刑天就跟着炎帝来到了偏僻的南方，炎帝已经年迈，不愿意再和黄帝争权，但刑天很不服气。

于是，刑天一手拿板斧，一手拿盾牌，只身一人就自信满满地跑去了天庭，准备和黄帝决一死战。 刑天确实骁勇善战，到了天庭，先是打败了无数天兵天将，又一路过五关斩六将打到了天庭的南天门。

"叫你们黄帝出来，我要为炎帝复仇。"刑天在南天门大喊，要和黄帝单打独斗。 黄帝听说此事后，心想："此人真是胆大妄为，要是不除掉他，南方地区恐怕难以安定。"于是，黄帝连忙提着宝剑走出天庭大门，准备迎战。

刑天和黄帝的这场战斗非常激烈，刑天举着板斧，黄帝提起宝剑，两人你来我往，斧剑相击，他们从天界打到人间，一直打到西方常羊山附近，仍然难以分出胜负。但黄帝毕竟有着丰富的作战经验，还有玄女传授的作战兵法，他趁刑天一个不注意，就用宝剑砍下了刑天的头颅。

刑天感到脖颈上一阵剧痛，伸手一摸发现自己的脑袋不见了，他连忙蹲下身子，在地上慌乱地伸手摸索着，寻找自己的脑袋。要知道刑天也是一位天神，他要是把脑袋安回去，肯定还能活下去。黄帝非常担心这一点，于是他举起宝剑冲着常羊山用力一挥，只见常羊山从中间一分为二，正好将刑天的脑袋关在了常羊山之中。

刑天意识到再也无法找到自己的头了，他很不甘心，继续挥舞着盾牌和板斧，要与黄帝再拼杀下去。他没有脑袋，就把两只乳头当作眼睛，用肚脐当作嘴巴。

他胸前的眼睛喷射着战斗的火焰，肚皮上的嘴巴大声地呐喊："战斗！战斗！"他的头虽然被砍掉了，但他一往无前的气势还在，他英勇的品格和顽强的精神还在，他没有失败，也永远不会失败！就连他的对手黄帝也十分钦佩他，深知这位忠贞刚烈之士是不可多得的英雄，因此对孤独而勇猛的刑天感到十分惋惜。

日复一日，年复一年，刑天终日在常羊山无休止地挥舞着板斧和盾牌，他的气力越来越小，终于有一天，他疲惫地倒下了。他累死在常羊山边，但就在他还剩最后一口气的时候，双手也没有停止挥舞。

思考与启示

刑天虽然失去了头颅，但依然保持着旺盛的战斗力，在极端的情况下，他激发了自己的内在潜能，以一种独特的方式继续战斗，体现了生命不息、战斗不止的精神。这种强大的生命力和斗志激励人们在面对困境时要相信自己的潜力，勇于挖掘和发挥自己的内在力量。刑天敢于挑战黄帝的权威，虽然最终失败，但他的勇气可嘉，我们也要有勇气挑战不合理的状况，敢于为了自己的信念和理想而奋斗。

拓展阅读

干戚舞

中国古时候用于祭祀天地、祖先和朝贺大典的舞蹈叫雅舞，雅舞主要分文舞和武舞两大类。文舞的舞者左手拿类似排箫或笛这样的乐器，右手拿野鸡羽毛装饰的舞具。武舞的舞者通常手拿朱干、玉戚等兵器。因为干是盾牌，戚是斧头，都是古时候的兵器，所以干戚舞就是武舞的一种。

干戚舞最早是作为一种军事巫舞出现的，比如"执干戚舞"在《韩非子·五蠹（dù）》有记载："当舜之时，有苗不服，禹将伐之。舜曰：'不可。上德不厚而行武，非道也。'乃修教三年，执干戚舞，有苗乃服。"意思是说在舜当政的时候，周边的苗部落常常挑衅，舜命众多兵士列队执干戚舞于阵前，苗部落被震慑而退兵。这说明这个时期的武舞既有鼓舞士气、威慑对方的作用，同时还有先礼后兵的意思。

后来，干戚舞逐渐演变成重大祭祀典礼中用来歌颂本朝武功的必备武舞。另外，有人认为干戚舞也和中国武术有紧密联系，是中国武当山武术之滥觞。

典籍里的中国·神话传说

嫘祖养蚕

> 黄帝妻雷祖，生昌意，昌意降处若水，生韩流。韩流擢（zhuó）首、谨耳、人面、豕喙、麟身、渠股、豚止，取淖子曰阿女，生帝颛顼。
>
> （选自《山海经·海内经》）

中国是世界上最早开始养蚕的国家，在很久很久以前中国就开始养蚕了，关于蚕桑丝织技术的发明，还有一个神奇的故事。

传说，黄帝打败蚩尤之后，为了庆祝战争胜利，举行了盛大的庆典，很多人都来给黄帝送礼物，其中就包括马首人身的蚕神。

蚕神捧着两束她吐出的蚕丝送给黄帝作为贺礼，黄帝看到这美丽而罕见的神物大为惊喜，他令人用蚕丝做成衣裳，那丝滑的触感比苎麻织的布要舒服多了。黄帝的妻子名叫嫘祖，也称为雷祖，她可不是黄帝背后的女人，她和黄帝有着同样的地位，是华夏文明不可或缺的重要人物。

嫘祖在感受到丝织品的舒适以后，她心想："蚕神只有一位，要想有更多的蚕丝，还得靠自己养蚕抽丝。"于是，嫘祖就在桑树林里收集了一些蚕宝宝和桑叶带回家。她将桑叶厚厚地铺在大筐里，然后将蚕宝宝放在桑叶上。听，有沙沙的声音，这是蚕宝宝正在专注地吃桑叶。等桑叶吃完了，嫘祖再铺上一层桑叶，蚕宝宝在嫘祖的精心养育下，一天天长大，经过了几次蜕皮后，开始吐丝结茧了。

怎么从蚕茧里抽出蚕丝？嫘祖苦思冥想，一次偶然，她用口中温热的唾液浸湿并软化蚕茧，然后牵拉出丝线，这就是最早的缫（sāo）丝过程。缫丝就是从蚕茧里拉出蚕丝的技艺，经过演变，人们学会通过沸水煮蚕茧进行抽丝，从而极大提高了蚕丝的产量和品质。

嫘祖自己学会了养蚕缫丝的方法后，就将这个方法教给其他人，很快人们就纷纷效仿，蚕种繁衍越来越多，中国的丝绸业发展越来越好，人们都能穿上丝织的衣服了。为了纪念嫘祖的贡献，后人尊称她为"先蚕圣母"。

思考与启示

　　嫘祖养蚕需要付出大量的辛勤劳动，她凭借着自己的勤劳和智慧，开创了养蚕织绸的伟大事业，这告诉人们勤劳是成功的基石，只有通过不懈的努力和付出，才能收获成果。同时，智慧也是不可或缺的，要善于运用智慧解决问题，提高劳动效率。嫘祖养蚕缫丝的技术被后人传承和发展，丝绸纺织成了中国古代重要的手工业之一。我们一定要重视传统文化的传承，将先辈们的智慧和经验发扬光大，同时也要在传承的基础上不断创新和发展，使传统文化适应时代的需求，焕发出新的活力。

拓展阅读

丝绸之路

　　丝绸之路简称"丝路"，是古代中外交通干线，因运输大量丝绸到国外，所以有了这个名称。如今，丝绸之路的含义更加广泛，还成了东西方之间经济、文化交流的代名词。

　　通常认为丝绸之路分为两类：陆上丝绸之路和海上丝绸之路。按照三大干线划分又有草原丝绸之路、绿洲丝绸之路和海上丝绸之路。

草原丝绸之路，主要是由古代游牧民族开辟，大致从黄河流域以北通往蒙古高原，西经西伯利亚大草原，抵达咸海、里海、黑海沿岸，甚至更西边的东欧地区。

绿洲丝绸之路，主要途经亚欧大陆上的人类定居地区，从中原西经河西地区、塔里木盆地，再赴西亚、小亚细亚等地，并南下今阿富汗、巴基斯坦、印度等地。张骞在汉武帝时期出使西域，对于开辟绿洲丝绸之路起到了关键作用。

海上丝绸之路，是从中国沿海地区途经今天的东南亚、斯里兰卡、印度等地，抵达红海、地中海以及非洲东海岸等地。明朝的郑和下西洋对海上丝绸之路的发展起到了推动作用。

典籍里的中国·神话传说

《竹书纪年》

颠覆历史认知的千古奇书

关于作品

《竹书纪年》：一部古代编年体史书，因为原本写在竹简上而得名。全书十三篇，讲述夏、商、西周、春秋时期晋国和战国时期魏国的历史。这是我国迄今为止发现的起始时间最早、编纂时限最长的编年简史。

关于作者

春秋时期晋国史官和战国时期魏国史官所创作。后来在西晋时期被发现，西晋学者将出土的古文整理摹拟成隶书并进行了相关研究。

玄鸟生商

> 高辛氏之世妃曰简狄，以春分玄鸟至之日，从帝祀（sì）郊禖（méi），与其妹浴于玄丘之水。有玄鸟衔卵而坠之，五色甚好，二人竞取，覆以玉筐。简狄先得而吞之，遂孕。
>
> （选自《今本竹书纪年卷上》）

在很久很久以前，有一位名叫简狄的美丽女子，她是"有娀（sōng）氏"部落首领的女儿，嫁给了古代的一位名叫帝喾（kù）的帝王，生了一个儿子名字叫契（xiè），契就是后来商王朝的始祖。关于简狄生契有一个梦幻般的神话故事。

传说，那天天气晴朗，简狄和自己的两个好姐妹一起在河里洗澡，她们在水中嬉戏玩耍，开心极了。这时，天空中飞来一只黑色的鸟，鸟的外形看起来像黑色的燕子，拥有鸟的身体，头颅却可以幻化成人形说话，这就是玄鸟。玄鸟生活在幽都之山的玄水附近，玄水是一条黑色的河流，里面的水都是黑色的。如果一个地方出现了玄鸟，说明这个地方的统治者开明，人民安居乐业。

"玄鸟，你来这里做什么呢？"简狄抬头看着天空中的玄鸟问道。

玄鸟说："我是天帝派来的。"说着玄鸟就飞到简狄面前，将一颗鸟蛋下到简狄的手掌心里。简狄看着手掌上的鸟蛋，感到非常新奇，不知道怎么回事，她鬼使神差地将鸟蛋放到嘴里吞了下去。不久之后更神奇的事情发生了，简狄竟然怀孕了，她所生的孩子就是契。

契从小非常好学，长大后很有才能，他经历了尧、舜、禹时代，做了很多对百姓有益的事。在舜帝时期，契追随大禹治水。有一次他跟随大禹走到黄河边，大禹问随行的众人："你们谁知道，为什么黄河泛滥总是一发不可收拾，难以治理？"大家都不得其解，契看着河水说："因为黄河的水卷入了大量的泥沙，这让洪水的威力越来越大，只要稳住了上游的土地，减少水中的泥沙，就可以解决下游的洪水问题。"大禹满意地点点头说："契的确善于观察。从今天起，你就在我身边，负责保护河道两边的土地。"

后来，契跟着大禹沿着黄河修筑了不少河堤，对河道起到了很好的保护作用，大家都称赞他的才能。舜帝听说后，任命契为司徒，司徒在古代是负责民政、司法以及教育等方面的官员。再后来，契被封到商地（今河南商丘），并被赐"子"姓。

契去世后，他的儿子昭明继位。昭明去世后，他的儿子相土继位。相土去世后，他的儿子冥继位……又经历了几代人以后，成汤出生了，成汤就是商朝的建立者。由此，契便被认作殷（yīn）商的始祖。人们把简狄遭遇玄鸟、生下契的故事称为"玄鸟生商"。

思考与启示

　　契生活的时代面临着各种困难与挑战，如自然环境恶劣、部落发展问题等，但他没有退缩，而是勇敢面对，这启示我们在生活中遇到困难时，不能畏惧，要以勇气、信念、真本领去克服。契在治水、发展商族等方面积极进取，为商族的崛起奠定了基础，这种开拓精神鼓励我们在生活中要敢于尝试新事物，不断探索创新，寻找新的发展机遇，勇敢地走出自己的舒适区，开拓新的生存空间。这种勇敢开拓的精神是人类发展的重要动力之一。

拓展阅读

了解商朝

　　公元前 1600 年前后成汤灭夏后建立商朝。商朝前期，都城多次迁移，后来盘庚将都城迁移至殷，也就是现在的河南安阳，所以商朝也被称为殷商。

　　商朝在政治制度上是奴隶制度，奴隶没有人身自由，会被奴隶主随意转让、买卖，甚至是为死去的奴隶主殉葬，奴隶制度也是商朝最后灭亡的一个原因。

商朝的青铜器铸造业非常发达，规模宏大，分工细致，铸造了很多有名的大型器物，比如后母戊鼎，就是迄今世界上出土的最重的青铜器，重达832.84千克。

商朝人很重视祭祀和占卜，他们通过龟甲和兽骨上的刻辞来预测吉凶，这些刻辞就是甲骨文，甲骨文是目前发现的最早的成熟汉字系统。

商朝在政治、经济、文化等方面都取得了很大的成就。不过到了商朝后期，统治者商纣王暴虐无道，百姓生活困苦。最后周武王率领军队打败了商纣王，结束了商朝的统治，中国历史也由商朝进入了周朝时期。

周穆王见西王母

> 十七年，王西征昆仑丘，见西王母。其年，西王母来朝，宾于昭宫。

（选自《今本竹书纪年卷下》）

周穆王是西周时期的一个君王，在他统治下周王朝开始走向衰落，因为他特别喜欢玩乐，最喜欢的就是到处巡游。他开始喜欢上巡游，和一个叫"化人"的人有关。

有一天，从西方一个遥远的国家来了一个有幻化之术的人，名叫"化人"，他能进入水火之中，还能穿过金属、岩石，不仅能千变万化，还能改变人的思想。周穆王对他像天神一样尊敬，让他住最好的宫殿，吃最好的美食，但化人还是觉得住得简陋，吃得粗糙。为此周穆王专门为他建造了一座富丽堂皇的宫殿，还送给他很多金银珠宝，他却一点都不稀罕，觉得这些东西根本就不好。

化人对周穆王说："大王，不如到我的宫殿去玩玩吧。"周穆王欣然答应，拽着化人的衣袖，一路腾云驾雾来到了化人的宫殿，所到之处，耳朵听到的，眼睛看到的，鼻子闻到的，口舌尝到的，都是人间所没有的东西。周穆王再想一想自己的宫殿，感到羞愧不能比。化人又带周穆王到了一个奇怪的地方，那里只有五颜六色的色彩和各种各样的音乐，周穆王感觉心神不宁，连忙让化人将自己带出去。化人轻轻推了一下周穆王，周穆王就从半空掉下，再醒来，他坐在周王宫的宝座上，一旁的餐桌上还摆放着热腾腾的饭菜。

周穆王问身边的人："我刚才去哪里了？"周围的人却说："大王刚刚只是打个盹，并没有离开王宫。"原来周穆王只是神游了一会儿。神游都如此有趣，那要是真正地游玩肯定更有趣，于是周穆王决定驾着自己那辆八匹宝马拉的车子去周游天下。

这八匹宝马可不一般，它们原是有名的养马大师"造父"从夸父山上得到的野马驯养而来的，周穆王给这八匹马喂一种叫"龙刍（chú）"的神草，普通马吃了这种草，一天可以跑一千里。这些骏马更不得了，奔跑起来有的比飞鸟还要快，有的一晚上能跑上万里，还有的背上长着翅膀，能在天上飞行。

周穆王就被这八匹神奇的骏马载着从北方跑到西方，见过了水神河伯，游览过黄帝的宫殿……终于在大地的最西边，太阳落山的崦嵫（Yān zī）山，他见到了闻名已久的西王母。

周穆王选了一个好日子，带着白色的圭（guī）、黑色的璧，还有一些彩色的丝带，这些都是当时最尊贵的礼品，全都献给了西王母，西王母开心地接受了礼物。第二天，周穆王在瑶池摆下酒宴款待西王母。在酒宴上，西王母为周穆王唱了一首歌，周穆王听了很高兴，也回唱了一首歌给西王母，就这样一唱一和，整个宴会都非常愉快。周

典籍里的中国·神话传说

穆王还表示回去治理好国家后，三年后会再来相见。

  周穆王依依不舍地告别西王母，踏上返程的路。在返回的路上，他还遇到了一个奇人，这个奇人名叫偃师，偃师带着一个身穿奇装异服的人偶献给周穆王。这个人偶不仅长得和真人一模一样，还会唱戏，它一边唱一边跳舞，唱得一板一眼，跳舞也非常灵活生动，而且感情充沛，唱到动情处，它一脸深情地看着周穆王的姬妾。周穆王看到后，勃然大怒，认为偃师在欺骗他，这根本不是人偶，而是一个真人在调戏自己的姬妾。

  偃师一听周穆王要杀自己，吓得连忙将人偶拆卸，拧下人偶的脑袋，剖开人偶的胸膛，直到看到里面的皮革、木头等东西，周穆王这才相信偃师的话，"真稀奇，原来真的是一个假人啊。"周穆王觉得偃师手艺精巧，就将偃师带回了王宫。

思考与启示

  周穆王充满好奇心和探险精神，这种探索精神启示我们要勇于突破舒适区，去探索未知领域，不断拓展自己的视野和认知边界，以获取新的知识、经验和机遇，推动个人和社会的发展。

西王母的形象演变

在最早的《山海经·大荒西经》中，西王母的形象是："有人戴胜，虎齿，有豹尾，穴处，名曰西王母。"她长着老虎的牙齿，豹子的尾巴，居住在洞穴里，此时她是原始部落酋长的样子。在《山海经·西山经》中被描述为"西王母其状如人，豹尾虎齿而善啸，蓬发戴胜，是司天之厉及五残。"她是掌管天灾和刑罚的天神。

随着时间的推移，西王母的形象也逐渐发生变化，在《穆天子传》中，她与周穆王产生了联系，形象变得温和且具有尊贵气质。

《淮南子》中她成了掌管不死神药的神女，传说后羿曾经向她求取神药，有了后来嫦娥奔月的故事。

随着道教的发展，西王母的地位越来越尊贵，成了女仙之首，并开始掌管人间的婚姻和生育。西王母形象的演变反映了不同时期人们的文化观念和想象，也承载了人们对于生命、死亡、永生、爱情等主题的思考和向往。

《周礼》

研究中国古代政治哲学与
制度文明的百科全书

关于作品

《周礼》：一部重要的儒家经典著作，也称《周官》《周官经》。它搜集了周王朝的官制体系以及战国时各国制度，添附儒家政治理想，所涉及的内容极其丰富，涵盖了政治、经济、文化、军事等诸多方面，堪称中国古代文化史之宝库，为后世进行历史研究提供了宝贵资料。

关于作者

古文经学家认为周公所作，今文经学家认为出于战国，也有人认为是西汉末年刘歆所伪造，近人考订为战国时作品。

掌管春夏秋冬的四季神

> 以血祭祭社稷（jì）、五祀、五岳。
>
> （选自《周礼·春官宗伯·大宗伯》）

在古老的中国神话中，有四位天神分别掌管着春夏秋冬四个季节，他们是春神句（gōu）芒、夏神祝融、秋神蓐（rù）收、冬神玄冥。他们都有着神奇的能力，受到人们的崇拜。

春神句芒，也叫芒神、木神，是代表着生机和活力的神。据说，他长着鸟的身子，有着人的面孔，乘着两条龙出行。他是东方天帝伏羲的手下，和伏羲一起掌管着春天树木的发芽，万物的复苏。

春天到了，句芒会来到人间，带着春风轻轻拂过大地，所到之处万物复苏，沉睡在地底的种子会被唤醒，破土而出；休息了一整个冬季的树木会长出绿色的嫩叶，花朵也会绽放出美丽的风姿。人们崇拜并感激春神，于是会在春天举办盛大的祭祀仪式，向春神祈求风调雨顺、五谷丰登，并献上丰厚的祭品，表达对春神的感激之情。

句芒不仅掌管着春天，还负责万物的生命。在《墨子》中有一个例子讲到，秦穆公是一个贤君，用五张羊皮从楚国人手里赎回了百里奚，天帝因为秦穆公的仁义，让句芒为秦穆公增添了十九年的寿命。

祝融是夏神，也是火神。据说，他长着野兽的身子，人的面孔，驾乘两条龙出行。他给人类带来夏季，炽（chì）热的阳光会让农作物迅速生长，果实逐渐成熟。但有时候也会使用神力过度，给人类带来干旱。这时候人类就会向夏神祈求，降下甘霖。

秋神蓐收左耳上有一条蛇，他也驾乘两条龙飞行。他给人们带来秋天，秋天是丰收的季节，人们可以收获成熟的粮食和果实。同时，秋天也是万物凋零的季节，蓐收会让树叶变黄掉落、草木逐渐枯萎，不过这都是为了下一轮的生命循环做准备。所以，在古代人们也会举办盛大的祭祀仪式，祈求秋神保佑来年还能有个大丰收。

另外，秋神蓐收和春神句芒是兄弟，他们的父亲是西方天帝少昊。蓐收成了西方天帝的属神，和父亲一起掌管着"日落"，同时蓐收还是执掌刑罚的天神。

过了秋天，就来到了一年中最后一个季节——冬季。掌管冬季的神是玄冥，有说法认为玄冥就是禺强，他长得很奇特，有着鸟的身体、人的面孔，耳朵上挂着两条青蛇，脚底下踩着两条青蛇。每到冬天的时候，玄冥就带着西北风来到人间，寒冷让河流结冰，使人类容易生病。所以在冬季，人类会好好休养生息，期待明年温暖的春天。

春、夏、秋、冬四季神都是古代人们祭祀的天神，这四位天神和中央天神后土，经常被人类祭祀，所以也称"五祀"。这是古代人类对于自然的想象和理解，反映了古代人类尊重自然、顺应自然又渴望风调雨顺。

思考与启示

四位天神分别掌管着不同的季节，体现了古人对自然四季更替的朴素认知，他们提醒人们要顺应自然的节律，根据不同季节的特点来调整生活方式和行为。四季更替象征着生命的循环，从春天的新生到夏天的繁荣，再到秋天的收获和冬天的沉寂，生命在不断地循环往复，提醒着人们要认识到生命的无常和变化，珍惜每一个阶段。在人生的不同阶段，我们会面临不同的挑战和机遇，要像顺应四季一样，积极面对身体和生命的变化，不断调整自己的心态和行动，以实现个人的成长和发展。

拓展阅读

四季、节气与物候

在我国古代，一般以二十四节气中的立春、立夏、立秋、立冬为四季的开始，民间也以农历正月至三月为春、四至六月为夏、七至九月为秋、十至十二月为冬计算。在近代，人们一般以阳历3至5月为春季、6至8月为夏季、9至11月为秋季、12月到次年2月为冬季。

我们的祖先根据太阳在一年内的位置变化以及由此引起的地面气候的演变次序，把一年分为二十四段，以反映四季变迁，以及雨、露、霜、雪等气候变化和物候特征，这就是二十四节气，这是人们农事活动的主要依据。

二十四节气将每月分为两段，月首的节气称为"节气"，月中的节气称为"中气"。为了便于记忆，人们还编了"二十四节气歌"："春雨惊春清谷天，夏满芒夏暑相连。秋处露秋寒霜降，冬雪雪冬小大寒。每月两节不变更，最多相差一两天。上半年来六廿（niàn）一，下半年是八廿三。"

随着四季的变化，生物或非生物都会受气候和外界环境因素影响出现季节性变化，这种现象就叫作物候。比如结霜、下雪、结冰，植物发芽、长叶、叶落，动物蛰眠、繁育、迁徙等。以五日为一候，三候为一气，六气为一时，四时为一年，一年分二十四气，共七十二候，各候均以一个物候现象相应，称为"候应"，反映了一年中物候和气候的一般变化情况。

《淮南子》

融合诸子百家的杂家巨著

关于作品

《淮南子》：亦称《淮南鸿烈》《鸿烈》。《淮南子》以道家思想为主，糅合了儒、法、阴阳五行等家思想。其中《原道》所提出的宇宙生成论，对古代哲学和自然科学有重要影响；《天文训》中完整、科学记载的二十四节气，被编入古代历法体系，并被联合国教科文组织列入"人类非物质文化遗产代表作名录"。

关于作者

西汉淮南王刘安及其门客苏飞、李尚、伍被等著。刘安（前179—前122），西汉思想家、文学家。汉高祖之孙，袭父亲刘长爵位，为淮南王。

共工怒触不周山

> 昔者共工与颛顼争为帝，怒而触不周之山，天柱折，地维绝。天倾西北，故日月星辰移焉；地不满东南，故水潦尘埃归焉。
>
> （选自《淮南子·天文训》）

相传，上古时期天地神民各司其职，不相互混淆。但后来南方的九黎作乱，信奉巫教，杂拜鬼神，使民神杂糅，失去了神道的尊严。黄帝之孙颛顼为王后，便恢复旧制，命重任南正之官，掌管祭祀天神，命黎任火正（一作"北正"）之官，掌管民事，使神民不互相侵犯亵渎，绝地民与天神相通之道。

颛顼沉静稳练有机谋，通达而知事理，他养殖庄稼牲畜，推算四时节令以顺应自然，依顺鬼神制定礼义，教化万民。天地万物，大神小神，凡是日月照临的地方，天下没有不归服的。

只是，后来颛顼有三个儿子，一生下来就变化成鬼，一个居住在长江成为虐鬼，一个居住在若水成为魍（wǎng）魉（liǎng），一个居住在小屋角落专门用疫病害人。颛顼的地位也因此受到挑战。

当时，另一个部落领袖尧的臣子共工聚集民众，做出了一些业绩，被推荐可做尧的继承人选，但尧了解共工是一个好讲漂亮话却用心不正的人，不打算重用共工。而此时共工已有了与颛顼争夺权位之心，一场战争不可避免地爆发了。

共工和颛顼打得惊天动地，各显神通，共工堵塞众多河流，掀起滔天洪水，颛顼的儿子们也散布疫病，百姓遭殃，苦不堪言。他们打啊打啊，直到打到一座名叫"不周山"的山脚下，不周山山形雄伟险峻，顶天立地，就像一根撑天的巨柱。共工一时不能取胜，怒气发作，愤怒地一头向不周山撞去，正好撞在了山腰上，只听"轰隆隆"一声巨响，不周山竟被他拦腰撞断，横塌下来。

不周山是用来支撑天的柱子，这一断可不得了，天上出现了一个大窟窿，天河之水注入人间，一时间地动山摇，大地裂毁，天不能再覆盖大地，大地也无法再承载万物，日月星辰的运转被打乱了，昼夜四季也失去了节律。荒原上蔓延着大火，山峦中泛滥着洪水，百姓们受到恶禽、毒蛇、猛兽的威胁。东海的巨龟将海水掀到岸上，淹死了许多百姓，世界陷入恐惧和慌乱之中。

思考与启示

　　共工的冲动之举不仅给自己带来了毁灭性的后果，也给整个世界带来了巨大的灾难。这提醒人们在面对挫折和冲突时，要学会控制自己的情绪，避免因一时冲动而做出错误的决定。当情绪激动时，人们往往难以做出理性的判断，所以我们在遇到问题时，要先冷静下来，思考问题的根源和解决办法，而不是被情绪所左右。与他人产生矛盾时，双方如果都能保持冷静，倾听对方的观点，就有可能避免冲突升级，找到更好的解决办法。

拓展阅读

不周山在哪儿？

　　对"共工怒触不周山"故事里的不周山的位置，我国古代先人有许多考证。

　　屈原在《离骚》中写道："路不周以左转兮，指西海以为期。"意思是说自己取道不周山，在不周山处左转而到西海，因而让随行众车抄小路先到西海等待。这里的西海，多指神话中西北的湖名，因为至今西北沙漠中称湖泊为"海子"。东汉学者王逸在注释《离骚》时说："不周，山名，在昆仑西北。"

《山海经·大荒西经》中写道："西北海之外，大荒之隅（yú），有山而不合，名曰不周。"此处再次出现了西北海，位置也指向了西北地区。

《淮南子·天文训》中写道："昔者共工与颛顼争为帝，怒而触不周之山，天柱折，地维绝。"东汉高诱在注释《淮南子》时也说不周山在昆仑西北。

《史记·律书》中写道："不周风居西北。"这是因为此前传说中西北有不周山，因山缺坏不周全，所以说西北风从这里出来。这也从侧面说明了不周山在中国西北方向。

由此可见，不周山在中国西北方向的证据比较多。但也有学者持其他的观点，比如有说不周山只是一个古人对世界边缘的想象。总而言之，目前对于不周山的位置仍然没有定论。

女娲补天

> 往古之时，四极废，九州裂，天不兼覆，地不周载；火爁（làn）炎而不灭，水浩洋而不息；猛兽食颛民，鸷（zhì）鸟攫（jué）老弱。于是女娲炼五色石以补苍天，断鳌足以立四极，杀黑龙以济冀州，积芦灰以止淫水。苍天补，四极正；淫水涸（hé），冀州平；狡（jiǎo）虫死，颛民生。
>
> （选自《淮南子·览冥训》）

在天地开辟以后，有一位天神名字叫"女娲"，她走在荒凉的大地上感到十分孤独，于是蹲在一个水池边，按照自己的样子，用泥土捏了一个小东西，把小东西放在地上，竟然活了，活蹦乱跳起来。女娲给这个小东西取名叫"人"。女娲非常喜欢自己创造的人，于是继续用泥土创造了形形色色的男女，并帮助这些男女建立了婚姻制度，从此人类就独立生存繁衍下来。

时间过了很久，人类发展出了诸多部落，部落之间征战频繁，共工与颛顼大战，一怒之下竟然撞倒了不周山，天上出现了一个大窟窿，天地陷入灾难，人类没有办法再生存下去。在世间云游的女娲看到人类遭受这样的苦难，内心悲痛不已，她决定拯救人类于水火之中。

当务之急就是要把天上的窟窿给修补好，这是一个艰巨的任务，但为了人类，女娲还是决定全力以赴。她跑遍世间的名山大川，收集了很多五色石头，然后燃起神火熔炼，神火燃烧了几天几夜，炼成了黏稠的石浆，女娲用这些石浆将天上的窟窿填补好。

然后，女娲为了避免补好的天再塌下来，就杀了那只在东海兴风作浪的巨大乌龟，斩下它的四条腿用来支撑四方，大地自此停止了震荡，天再也没有坍塌下来的危险；接着，女娲又将在中原一带作恶的黑龙杀死了，其他的野兽见此情景，吓得纷纷逃回山林，再也不敢到处流窜残害人类了。

最后，女娲把芦苇烧成灰，撒到水中，芦灰越积越厚，填平了大地的裂缝，堵塞住了泛滥的洪水，地上的积水也被吸干了。至此，共工闯的大祸终于被女娲挽回，天和地也恢复了平静。

为了让人类生活得更好一些，女娲枕着石头枕头，躺在绳子做的床上，调校日月星辰和昼夜四季，当阴阳之气阻塞不通时，便进行疏理贯通；当天地间的气运逆流，危害百姓生产生活时，女娲便调和那

些逆乱之气。一段时间以后，天空变得澄澈蔚蓝，大地也变得平稳安定，人们终于可以在睡觉时无忧无虑，醒着时不用担惊受怕。女娲还帮人类驯化了牛、马等家畜，以助人类的生产生活。慢慢地，人类的生活达到了与天道万物和谐的境界。

女娲为人类做了很多，有很多功劳，但她却从不居功自傲，非常低调。她在做完人类的工作后，受到天庭众神的欢迎，雷电给她当车，应龙为她驾车，白螭（chī）在前面开道，腾蛇在后面跟随，一直飞升到了九重天顶，进了天门，朝见了天帝，女娲只是简单汇报了一下自己的工作："我不过是顺应自然，为人类做了一点事情而已。"人们对于这个慈爱的人类母亲心怀感念，世世代代怀念着女娲，传颂着她的伟大功绩。

思考与启示

面对灾难，女娲勇敢地承担起补天的重任，展现出非凡的勇气、毅力和决心，这启迪人们在面对生活中的重大困难和危机时，不能被恐惧所压倒，而要积极寻找解决问题的方法；无论是学习还是追求个人梦想，都需要我们持续地投入时间和精力，不断地积累和进步，只有这样，我们才能在人生的道路上不断前行。

女娲的形象

女娲在中国神话中具有非常崇高的地位，她被视为人类的创造者，是创世神；她又为人类补天，是人类的保护神；在关于女娲的神话故事里，不仅体现了女娲的神性，还体现了她慈爱的母性，她也被称为母亲神；又因为她创立了婚姻制度，被称为婚姻神；此外，她还创造了乐器"笙"，被称为音乐女神。女娲的成就很多，一直受到人们的普遍崇拜。

那女娲到底是什么样子呢？从古至今都有人好奇这个问题。比如，屈原在《楚辞·天问》里就曾问过："女娲有体，孰制匠之？"意思是说，女娲有自己特殊的形体，她的身体是怎样来的？东汉文学家王逸在注释《天问》时写道："女娲人头蛇身。"

在汉画像石墓中的石刻画像和砖画上，常见的也是女娲人首蛇身的形象，腰身以上是人形，穿袍子，戴冠帽，腰身以下是蛇身。在这些石刻画像和砖画中，女娲常常和伏羲人首蛇身的形象并列，有的两者尾部相缠绕。

神农尝百草

> 古者民茹草饮水，采树木之实，食蠃（luó）蚌（bàng）之肉，时多疾病毒伤之害。于是神农乃始教民播种五谷，相土地宜燥湿肥墝（qiāo）高下；尝百草之滋味，水泉之甘苦，令民知所避就。当此之时，一日而遇七十毒。
>
> （选自《淮南子·脩务训》）

　　远古时期，人们主要靠打猎、捕鱼为生，有时候捕捉的猎物不够吃，就只能吃一些植物。但众多的植物有的能吃，有的却会让人生病，甚至中毒而亡。看着人类经常忍饥挨饿，还因为吃错东西而生病，仁慈的炎帝心生不忍，他决定帮助人类。

　　炎帝是极其慈爱的天神，是三皇之一，据说他的长相是牛的头，人的身子，在他出生的时候，在诞生地的周围，完全不需要任何人力，就自然地涌现了九眼井，九眼井就是有九个孔的水井。这九眼井很神奇，只要取其中一眼井中的水，其他八眼井的水都会波动起来。

　　如此厉害的天神要如何帮助人类呢？首先，他决定教人类种植五谷。当他产生这个想法的时候，从远处飞来了一只全身通红的鸟，小鸟嘴里衔着一株九穗的禾苗，穗上的谷粒从天空纷纷降落下来，炎帝将这些谷粒收集起来播种在开垦的田地中，从此以后人类就有了可以食用的五谷，据说那时候的五谷还可以让人长生不老。人们感谢炎帝的功德，开始尊称他为"神农"，也称他为农业之神。

神农帮助人类解决了基本的温饱问题之后，他决定亲自去品尝探查百草的味道和作用，帮助人类分辨哪种植物可以食用，哪种植物可以治病，又有哪些植物是有毒的。每当神农采到一种植物，他都要仔细闻一闻，看一看，放到嘴里尝一尝，将植物的气味、颜色、味道和吃下去以后身体的反应都记录下来，方便人类识别和参考。

有时候，神农会品尝到对人类有好处的植物，比如闻起来有一股清香的植物，吃进嘴里立刻感觉到一阵甜味，神农把这种草命名为甘草。

不过很多时候，他会遇到有毒的植物，比如他看到路边树上长着一种拳头状的果子，青色中透着淡黄色，就采了几个品尝，可是没一会儿，他就感到口干舌燥，浑身不舒服。神农心想："不好，恐怕此物有毒。"这一天他已经中了七十二次毒，毒气在他的腹中聚集，让他口舌麻木，五脏六腑都疼得难受，他只能捂着肚子，坐在一棵树下休息。这时，一阵凉风吹来，从树上掉下一片树叶正好落入神农的口中，味道清香中带有微微的苦涩，按照他的经验，这种叶子很可能有解毒作用。于是他赶紧又嚼了一把嫩叶子，果然疼痛慢慢停止了。神农很是高兴，他把这种翠绿的树叶叫作"荼（tú）"，也就是现在的茶。有了茶以后，他在尝百草的过程中，每当尝到一些有害的草而不舒服的时候，就会立即吞下一大把茶叶，以减轻毒性。

关于神农尝百草的神话，还有另外一种说法，那就是神农有一个厉害的宝贝叫赭（zhě）鞭，用这鞭子碰一碰植物，就能知道它的药性和功效。而且赭鞭还能释放出一些毒素，用来对抗野外的野兽，就连蛇虫鼠蚁，远远地感受到赭鞭的存在都要绕着走。

无论是哪种方法，通过神农氏的努力，他找到了数百种草药，又被人尊称为"医药之神"。后世为了纪念他，将中国现存最早的药物学专著命名为《神农本草经》。

关于神农的结局，有人说他在尝百草的过程中，最后一次尝到的是一种叫"断肠草"的植物，这种植物有剧毒，会让肠子溃烂，神农因此而丧生了。

思考与启示

神农通过亲自品尝各种植物，积累了丰富的草药知识，这强调了亲身体验于获取知识和技能的重要性。因此，在学习和生活中，我们不能仅仅依赖书本知识和他人的经验，而要通过自己的实践去探索和发现，不断尝试，总结经验教训，只有通过亲身体验，才能真正理解和掌握知识，提高自己的能力。另外，我们在平时一定不要品尝野草、野果，农田、花园、公园里的植物也可能喷洒过农药，万万不可随意摘取，品尝，这样既没有公德心，也会危及健康，甚至有生命危险。

神农发明耒耜（lěi sì）

神农培植出五谷后，解决了庄稼的种子问题，但种子种下后，还需要松土、点种，因此神农又发明了耕地翻土的农具——耒耜。这一点在《易·系辞下》中有记载："神农氏作，斫（zhuó）木为耜，揉（róu）木为耒。"

耒是一根尖头木棍加上一段短横梁。人们只要先将尖木棒插在地上，再用脚踩在横木上用力，让木尖插入泥土，然后扳动木柄，尖木就能将土块撬起来，这样连续操作后，便翻耕出一片松软的土地。耒制作成功后，大大提高了翻耕土地的效率。后来在使用过程中，神农又对耒进行了改良，增加了翻土的面积，也增加了使用的舒适度。

虽然有了耒来翻耕土壤，但翻耕过的土壤有时会出现较大的硬块，还需要将这些硬块弄平整。于是神农又对耒进行改进，制成了耜。耜和耒很相似，但把耒的尖头做成了扁头，并出现了不同的材质，类似现在的锹或铲。

耒耜大大提高了农业生产的效率，是我国农业发展历程中的重要工具。耒耜作为早期农具的代表，在农业发展史上具有重要的意义。

后羿射日

> 逮至尧之时，十日并出，焦禾稼，杀草木，而民无所食。
>
> （选自《淮南子·本经训》）

相传尧帝时期，天空中有十个太阳，他们都是东方天帝帝俊和太阳女神羲和的儿子。羲和把这十个孩子放在东方海外的汤谷，让他们在汤谷洗澡、嬉戏。

洗完澡后，十个太阳就像小鸟一样在扶桑树上休息。九个太阳栖息在长得较矮的树枝上，总会留一个太阳栖息在树梢上。当黎明来临的时候，羲和便赶着六龙驾驶的车带着栖息在树梢上的儿子去天空值班，其余的儿子则留在汤谷。第二天，再带另一个儿子出去。就这样，十个儿子每天轮流穿越天空，给万物带来光明和温暖。那时候，人们在大地上日出而作，日落而息，生活得幸福安宁。

有一天，留在汤谷的一个太阳突发奇想，对其他八个太阳提议说："我们待在这里这么无聊，不如我们兄弟九个一起去天上玩吧！"其余八个太阳开心地说："好啊，好啊，我们一起去玩。"于是他们一起向天空跑去。

就这样，十个太阳在天空中追逐打闹着。起初，人们看见十个太阳同时出现在天空中，还十分兴奋。接着人们就感觉酷热难耐，纷纷伏地，哀求太阳们赶紧回去。但是太阳们在天空中快乐地奔跑，全然不顾人们的苦苦哀求。

一连几天，十个太阳都在天空中尽情玩耍，这可害苦了地上的人类和万物。森林着火了，树木被烧成了灰烬，许多动物被烧死，还有许多猛兽蹿出来危害百姓；河流干枯了，很多人和动物相继渴死；人类种植的农作物和果树枯萎了，没有了粮食，人们的生活难以为继；不仅如此，海中的蛟龙、南方的火鸟也纷纷出来作怪，残害百姓，一时间，人们生活苦不堪言。

百姓的哀号和祈祷声惊动了天帝，但是天帝对任性的儿子们也没办法。天上有一名神射手叫后羿，他勇敢地站出来，请求去凡间除掉那些胡作非为的太阳和伤人的猛兽，拯救百姓于水火之中。虽然天帝心里舍不得自己的孩子受伤，但还是咬咬牙对后羿说："好吧，我赐你神弓神箭去凡间除害，至于我那十个顽皮的儿子，吓唬吓唬他们就行了，不要伤害他们。"

于是，后羿带着妻子嫦娥来到凡间，他看到凡间一片凄惨的景象，很是气愤。他用严厉的语气警告十个太阳："天帝的儿子们，快回家去吧。你们再这样肆意妄为，为祸人间，一定会遭到惩罚的！"

谁知道太阳们不但不听，其中一个太阳还叫嚣着："你是谁呀？凭什么要听你的！"

其他的太阳立刻附和道："就是，就是，让你看看我们的厉害吧。"

说着，太阳们就涨红着脸，在天上尽情地释放他们的热力，凡间的苦难更重了。后羿劝说不成，便拉开神弓，搭上神箭，给他们下最后通牒："这是你们的父亲给我的神弓神箭，你们再不回去，就别怪我箭下无情了！"

"哼，谁信啊。父亲才不舍得伤害我们呢。"

"你胆敢伤我们，小心我们让天帝惩罚你。"

太阳们越说越狂妄，后羿看着正在受苦的百姓，忍无可忍，他咬咬牙，瞄准了一个太阳。只听嗖的一声，一支利箭又快又准地射中了一个得意忘形的太阳。

"啊！"被击中的太阳痛苦地大喊着。紧接着就是轰然巨响，天空中出现了一个巨大的火球，不一会儿便纷纷扬扬落下无数的金羽毛，接着啪的一声，一团火红的东西坠落到地上。大家走近一看，原来是一只三足金乌，这是太阳精魂的化身。

"救命啊，救命啊……"还在天上的九个太阳惊慌失措地逃窜。后羿为了避免灾难再次发生，毫不犹豫地张弓搭箭，朝着一个个逃跑的太阳射了出去。只听见嗖嗖嗖的声音，一支支利箭从弓弦中飞出，一个个太阳坠落下来，人们的欢呼声此起彼伏。

最后天空上只剩下一个太阳，他吓得瑟瑟发抖，连声求饶。后羿却不准备放过他，他瞄准太阳正要射出箭去，这时尧帝上前拦住了他并说道："不能再射了！现在只剩下一个太阳了，人们还需要它的光明和温暖。"后羿一听，急忙收了弓。他饶了最后一个太阳，在人们的欢呼声中回天庭了。

得知后羿射杀了自己的九个儿子，天帝很生气，把后羿贬下凡间。

心情沉重的后羿带着嫦娥一步步离开了天庭，来到凡间生活。他因射日有功，受到百姓的爱戴。此后，剩下的这颗太阳每天按时从东方升起，给人间送来温暖和光明。

思考与启示

后羿射日，实际上是在挑战神的权威，他不顾神的意志，凭借自己的能力去改变神所创造的局面，这种行为打破了人们对神权敬畏和顺从的模式，是一种对神的权威的大胆挑战。他以自己的力量去对抗强大的神权，试图改变对弱者不利的既有秩序，展现出了非凡的勇气和决心。

拓展阅读

天上真的会出现多个太阳吗？

后羿时期天上真的出现过十个太阳吗？2013年，山东青州的上空就曾出现三个太阳的奇观，除此之外，在新疆等地也曾出现过这样的现象。这是怎么回事呢？

原来，这种三个太阳的奇景是大气的一种光学现象。天空中有时会出现半透明的薄云，这些薄云中有许多漂浮的六角形柱状的冰晶体，它们有时会整整齐齐地垂直排列在空中。太阳的光照射在这些六角形冰柱上时，就会产生折射现象。

从冰柱折射出来的三条光线进入到人的眼睛中，中间的太阳光线是由中间位置的太阳直接射来的，这是真正的太阳，而旁边两条光线，就是经由六角形晶柱折射而成的了。也就是说，左右两旁的两个太阳实际上是真实太阳的虚像，这也被称为"假日"。因为平时飘浮在空中的六角形冰柱常常是不规则排列的，所以人们看不到多个太阳的奇景，而六角形冰柱有规则排列在天空中的情况极少出现，因此，这种三个太阳同时出现的大气光学现象的确非常罕见。

至于后羿时期的十个太阳，大概是古代人们对一些自然现象的想象和解释，可能是由于出现了罕见的天文现象，或者是严重的旱灾等自然灾害导致人们产生了天空中有多个太阳的错觉，进而通过神话传说的形式流传下来。

嫦娥奔月

> 譬若羿请不死之药于西王母，姮娥窃以奔月，怅然有丧，无以续之。何则？不知不死之药所由生也。
>
> （选自《淮南子·览冥训》）

后羿射下天帝的九个太阳儿子以后，被天帝逐出天庭，贬为凡人，他只好带着自己的妻子嫦娥来到凡间生活。后羿因为射日有功，受到人民的爱戴，日子过得还算比较开心。可嫦娥作为一个曾经的天上女神，现在却只能在凡间吃着粗茶淡饭，穿着粗布麻衣，远没有在天庭的时候舒服。不仅如此，她一想到自己在死后就要前往地下黑暗的幽都，就心生愁绪。

其实，勇猛的后羿也担心死去，他要想一个办法解除死亡对他们夫妻的威胁。于是，他多方打听，终于探听到住在西方昆仑山的西王母那里有长生不老药。后羿心想有了长生不老药，他和嫦娥就不必再为生老病死发愁，嫦娥也就能重新开心起来了。

西去求药的路上困难重重。后羿凭着自己坚韧不拔的意志，翻过了一座座崇山峻岭，穿过了一片片广袤（mào）无边的森林，越过了通向昆仑山的途中最难逾越的两道屏障——弱水河和火焰山。历经千辛万苦，后羿终于来到了西王母住的昆仑瑶池。

后羿把自己射日惹怒天帝、与妻子嫦娥一起被贬到凡间的事告诉了西王母，希望她可以赐予自己长生不老药。西王母被后羿的英勇事迹感动，表示愿意帮助他，慷慨地赠予后羿仙药，并告诉他，不死药只有一颗，一人吃了可以升天成仙，两人分吃可以长生不死。

在回家的路上，后羿就已经做出了决定。他舍不得离开妻子嫦娥，也厌倦了天庭里的争斗，因此，他是绝不会独自吃下神药飞升成仙回到天庭的。

后羿一回到家，就马上把不死药交给了妻子嫦娥，并且把西王母关于神药的话都毫无保留地告诉了妻子，并决定在八月十五这一天和妻子一起吃下神药，共享长生不老。嫦娥表面上开开心心地答应了，但她内心却另有打算。嫦娥在凡间要朋友没朋友，要娱乐没娱乐，过得一点都不开心，她想要重新回到天庭。当然她也有纠结，毕竟神药只有一颗，如果自己吃下神药回到天庭，后羿就一个人留在凡间了。

为了做出最后的决定，嫦娥请了一个巫师替自己占卜吉凶。这个巫师装模作样地拿出一个黑色的龟甲和一堆蓍（shī）草放在一张石桌子上，嘴里念念有词地哼了一会儿，然后开心地告诉嫦娥："恭喜夫人，占卜的结果是大吉大利，您将要独自到遥远的西方去。"嫦娥听了占卜的结果后，坚定了自己重回天庭的决心。

一天晚上，嫦娥趁后羿不在家，偷偷地打开了后羿交给她的装有神药的包袱，包袱里面是一个精致的葫芦。她轻轻地摇晃着葫芦，葫芦里面传来清脆的响声。嫦娥拧开葫芦，从里面滚出了一粒金黄色的药丸。嫦娥看着这颗药丸，只犹豫片刻就放到嘴巴里吞下去了。

也就一会儿的工夫，嫦娥就感觉自己的身体变得轻飘飘的，双脚也渐渐离开了地面，随即从窗口飘出去，飘到了天上。闪烁的星星围绕在她的身边，她感到前所未有的自由和欣喜，她听从占卜的结果朝着西方飞去，最后来到了明亮的月宫。但不成想，她刚一落脚，全身就发生了奇怪的变化，仿佛有一种力量从她的头上压下来，将她高挑的身姿压缩在地上，胳膊和腿变短了，肚子和腰身却在往外膨胀，她摸摸自己的脸，发现眼睛变凸了，脸上全是大疙瘩。她想发出惨叫，却听到了"咕咕咕"的叫声。她想去求救，双腿却不能行走，只能一蹦一跳。原来美丽的嫦娥变成了丑陋的蟾（chán）蜍（chú）。

较早时期关于嫦娥奔月的版本就是这样的。到了后来，人们对于嫦娥的行为多了一些宽容：嫦娥到了月宫还是仙子，只是月宫里很凄凉，只有一只玉兔和一株桂树，后来来了一个整天砍桂树的吴刚做伴。嫦娥也感到很孤单，她非常想念和后羿在一起的家庭生活。

后羿发现嫦娥离开以后，他彻底变了一个人，脾气也变坏了，整日游荡打猎，后来被自己的徒弟逢蒙所杀。不过，后人还是感念他的功绩，尊奉他为宗布神。

思考与启示

　　仙药是一种巨大的诱惑，嫦娥在面对仙药时，经历了内心的挣扎。在现实生活中，人们也会面临各种各样的诱惑，如金钱、权力、名利等。这时，我们需要有足够的定力和判断力，不被诱惑所左右，做出正确的选择。要以道德和责任为准则，权衡利弊，做出对自己和他人都有益的决定。

拓展阅读

中国探月工程

　　"嫦娥奔月"是流传了几千年的神话传说，表达了古人对月亮的想象和向往。几千年后，中国启动了嫦娥工程。嫦娥工程即中国探月工程，在 2004 年正式启动，现在已经取得了非常多的成果。

　　中国探月工程规划为"绕、落、回"三期。"绕"是探月工程一期，主要任务是实现环绕月球探测。嫦娥一号卫星于 2007 年 10 月 24 日成功发射。2007 年 11 月 26 日，国家航天局正式公布了嫦娥一号卫星传回的第一幅月面图像。2009 年 3 月嫦娥一号按预定计划受控撞月，成功完成"绕月探测"的任务。

"落"是探月工程二期，主要任务是实现月面软着陆和自动巡视勘测。2010 年 10 月 1 日，嫦娥二号成功发射；2012 年 12 月 13 日，嫦娥二号首次实现了我国对小行星的飞越探测；2019 年 1 月 3 日，嫦娥四号探测器在国际上首次实现月球背面软着陆和巡视探测。

"回"是探月工程三期，在 2020 年 12 月 17 日，嫦娥五号返回器携带月球样品顺利返回地球，标志着中国探月工程"绕、落、回"任务圆满完成。

中国探月工程计划在 2030 年前载人登月，相信在不久的未来，就能真正实现奔月的梦想。

典籍里的中国·神话传说

《论衡》

世界思想史上的一部巨著

关于作品

《论衡》：共三十卷，八十五篇，撰（zhuàn）写历时三十多年。它针对东汉流行的谶（chèn）纬迷信和"天人感应"说进行了批判，具有唯物主义倾向。它在破除封建迷信时，引用了很多神话故事，对于神话研究意义重大。

关于作者

王充（27—约97）：字仲任，会稽（jī）上虞（今浙江绍兴市上虞区）人。东汉思想家，他认为"天地合气，万物自生"，主张生死自然，倡导薄葬，反对把圣人偶像化，反对颂古非今思想。

门神的由来

> 沧海之中，有度朔（shuò）之山。上有大桃木，其屈蟠（pán）三千里，其枝间东北曰鬼门，万鬼所出入也。上有二神人，一曰神荼，一曰郁垒（lěi），主阅领万鬼。恶害之鬼，执以苇索，而以食虎。于是黄帝乃作礼以时驱之，立大桃人，门户画神荼、郁垒与虎，悬苇索以御凶魅。
>
> （选自《论衡·卷二十二》）

在遥远的古代，先民们一般有两种居住方式，一种是巢（cháo）居，就是在树干上搭建棚屋，以躲避风雨和野兽的侵袭；一种是穴居，在高燥土坡上挖掘出洞穴，躲避风雨和野兽侵袭。随着生产力的进步，先民们逐渐学会了建造房屋，这是一个伟大的创举。房屋能更好地遮风挡雨，防止野兽和敌人的侵袭。

古人认为房屋的唯一出入口就是门户，家宅是否安全，最重要的就是守住门户。而守住门户不仅需要坚固的大门，还需要借助神灵的帮助，以防止邪魔鬼怪的入侵，门神就是守卫大门的神灵，是中国民间信仰中常见的守护神。古时候，每当春节时，人们都会在门上贴门神，希望能驱邪，守护家庭平安。

早在东汉时期，王充在《论衡·订鬼篇》中就引用了《山海经》的一段内容，讲述了神荼和郁垒的神话故事。一般来说，大家认为他们是最早的门神。

在沧海之中，有一座度朔山，山上有一棵大桃树，它的枝干盘延起来占地三千里，在树顶上方站立着一只金鸡，当太阳的第一缕阳光照在金鸡身上，金鸡听到不远处扶桑树上的玉鸡鸣叫起来的时候，这只金鸡也开始跟着鸣叫起来。

在度朔山上还住着两个神明，一个叫神荼，一个叫郁垒。当金鸡鸣叫声音响起的时候，他们就把守在东北方向的一座鬼门下面，负责检查和统领那些从人间回来的形形色色的鬼，据说鬼只在晚上出现，要赶在金鸡鸣叫之前回来。神荼和郁垒就站在鬼门口，手持桃木剑审查这些鬼，如果发现有在人间作恶、残害了好人的恶鬼回来时，他们就毫不客气地用苇索将恶鬼绑住，拿去喂山上的大老虎。有了严厉的管理，恶鬼们都收敛了很多，不敢在人间胡作非为。

后来，黄帝就制定礼仪，按照一定的时间驱鬼，在大年三十这天晚上，用桃木雕刻成两个神人，手里拿着芦苇绳子，代表神荼和郁垒，放在大门的两旁，在门框的横梁上再画一只大老虎用来威慑妖魔鬼怪。再后来为了简便，人们直接将神荼和郁垒的相貌画在门上，或者直接在桃木上写上两人的名字，也称为"桃符"，就如那句"爆竹一声除旧，桃符万户更新"，说的就是它了。

由此，神荼和郁垒就成了民间世代相传的门神。后来，随着时代不停地变迁，门神的形象也在不断变化。到了唐朝，唐太宗晚上总是做噩梦，秦琼（qióng）和尉（yù）迟恭听闻此事后，主动为唐太宗守卫宫门。这两位大将军全副武装，威风凛凛地站在宫门前彻夜守护，唐太宗当晚竟然真的没有做噩梦。唐太宗觉得让两位大将军彻夜守卫实在太辛苦，于是命人将两人的画像画下来贴在门上，没想到画像也有同样的效果，从此秦琼和尉迟恭就逐渐成为民间流行的门神。

唐太宗的曾孙唐玄宗也爱做噩梦，他在做噩梦的时候，梦到一个叫钟馗（kuí）的魁梧大汉帮助他抓住了梦中的小鬼，于是叫画师将钟馗的形象画下来，命令全国家家户户张贴在门上，从此钟馗也成了门神。

后来，门神的形象越来越多，在分类上有武将门神、文官门神、祈福门神等，不同地区、不同民族还有不同的门神。

思考与启示

神荼和郁垒肩负着守卫门户、驱邪避恶的重任。他们坚守岗位，毫不懈怠，为人们守护着家园的安宁，这种忠诚守护的精神启示我们在生活中要对自己的职责和使命有高度的责任感。面对邪恶势力的威胁，神荼、郁垒毫不畏惧，勇敢地与之对抗，他们勇于担当的精神提醒我们在面对困难和挑战时，不能逃避责任，而要勇敢地站出来，为了正义和公平而奋斗。

了解古代的门

古代的门结构有门扇、门框、门楣（méi）、门槛、门墩、门簪（zān）、门环、门钉等。

门扇是门可移动的部分，用于关闭和开启。古代的门主要由木头和竹子制成，门的形制有一扇、两扇或更多扇。

门框是门的框架，固定在门洞的两侧和上方，为门扇提供支撑。门框上的横木叫门楣，借指门第，比如光大门楣。

门槛是门框下端的横木条，有些材质为石质，起到阻挡风沙、雨水和杂物进入室内的作用。古代出入门槛都有礼仪规范，《礼记》："大夫士出入君门，由阖（niè）右，不践阈（yù）。"意思是说进出国君的大门，不能踩踏门槛。在古代门槛象征着身份地位，不可踩踏。

门墩也叫门当、门挡，就是放在大门口的抱鼓石、门枕石、石墩、石鼓等。作用是为了保护门框、门槛和大门。

门簪是用来锁合中槛和连楹的木构件，因形似古代妇女的发簪，故称"门簪"。门簪的数量也有着象征意义，数量越多象征身份地位越高，成语"门当户对"当中的"户对"，指的就是门簪。

门环是挂在门上用于挂锁的金属环，在古代没有门铃的时候，客人将门环叩击在门板上，发出声响通知屋主。

《说文解字》

第一部按部首编排的字典

关于作品

《说文解字》：简称《说文》，是我国第一部按照偏旁部首编排的字典。每个字下面的解释，一般先说字义，再说形体构造及读音，依据六书解说文字。它是中国第一部系统分析字形和考究字源的字书，也是世界最古老的字书之一，为后代研究汉字及编纂字书最重要的依据。

关于作者

许慎（约58—约147）：字叔重，汝南召陵（今河南漯河市召陵区）人。东汉经学家、文字学家。师从名儒，博通经籍，有"五经无双许叔重"之誉。

伏羲画八卦

> 古者庖（páo）牺氏之王天下也，仰则观象于天，俯则观法于地；视鸟兽之文，与地之宜；近取诸身，远取诸物；于是始作八卦……
>
> （选自《说文解字叙》）

在一个遥远的地方，有一个神奇的国度，叫作"华胥（xū）氏之国"。这个国家没有君主、没有官员，这里的百姓一切顺其自然，生活得非常快乐，他们到水中不会被淹没，到火里不会被烧伤；这是一个没有痛苦的极乐国家，却很少有人能够抵达，只有黄帝曾经在梦里来过这个地方。

在华胥氏之国有一位美丽的华胥氏女子，她喜欢四处游历，这天她来到一个叫雷泽的地方。她在雷泽湖边偶然发现了几个巨大的脚印，出于好奇心，她将自己的脚踩到巨大的脚印上，然后神奇的事情发生了：好像"触电"一般，一道青色的彩虹围绕着这位华胥氏女子转圈圈，然后她就怀孕了，这一怀就是十二年，十二年后生下了人首蛇身的伏羲。

　　以上就是中国人文始祖伏羲神奇的出生经历，他后来当上了东方天帝，辅佐他的是西方天帝少昊的儿子木神句芒，句芒的模样有点奇怪，长着人的脸，身体却是鸟的样子，平时喜欢穿白衣服，手里拿着一个圆规，驾着两条龙出行，和伏羲一起掌管着春天和万物的生命。

　　伏羲被称为中华民族的人文始祖，是因为他做了很多对人类有重大意义的事情，比如伏羲教人们用绳子编织成渔网用来打鱼，还有一个传说认为是伏羲将火种带给人间，并教给人们怎么使用火。而他最有名的贡献应该是从龙马背上得到启发画出八卦的故事。

　　一天，伏羲像往常一样坐在黄河边观察星象，苦思宇宙的奥秘，寻求自然的规律。也许是他的精神感动了天地，突然从水中冲出一个神兽，这个神兽就是龙马，长着马的身子，全身却长满了龙鳞，还长了一双翅膀，能够在水面上踏水而行又不会沉没。伏羲仔细观察，看到这龙马的背上有一些奇特的花纹图案，层层叠叠地好像有什么规律。于是伏羲将龙马身上的图案画了下来，这幅图画就被称作"河图"。

　　后来，伏羲又在洛水中看到一只体型硕大的神龟，神龟背上也有呈规律性分布的网纹，这个图案就被称为"洛书"。伏羲心有所动，他开始更加认真地观察周围的一切，他仰头观察天象、低头观察地理，观看鸟兽的斑纹和大地的情况，经过苦思冥想，他领悟到这个世间的道理竟然是如此的简单。于是，伏羲根据河图和洛书的图案，将天地间的变化规律用简单的符号浓缩表达为"先天八卦"，这也是《周易》的一个理论来源。

　　伏羲用"—"表示阳，用"--"表示阴。阴阳又生出四象，有太阴、太阳、少阴、少阳。四象又生出八卦，有乾、坤、巽（xùn）、震、坎（kǎn）、离、艮（gèn）、兑，分别代表着天、地、风、雷、水、火、山、泽八种自然现象，然后用不同的符号来表示，而宇宙中万事万物的奥秘就被装进了八卦之中。因为伏羲在画卦时，先画乾卦、后画坤卦，乾为天，坤为地，所以他的第一笔也被称为"一画开天"。

后来，人们依据伏羲先天八卦，深入研究，画出了后天八卦和六十四卦，并分别写了卦辞。在古代人们就是根据八卦来占卜，推演出许多事物的变化，预知事物的发展。

思考与启示

"三皇五帝"中，伏羲大多是作为"人皇"出现的，他被尊为中华民族的"人文始祖"之一。伏羲通过观察自然界的变化，领悟到了宇宙的奥秘，并将其用八卦的形式表现出来，这提醒我们人类是自然的一部分，应该多走进大自然，从中汲取智慧和灵感。八卦由阴阳两种基本符号组成，代表了事物的对立统一关系，启示我们不能片面地看待事物，而要从多个角度进行分析，学会在矛盾中寻找平衡。

神奇的《周易》

说到八卦，就不得不提起被誉为"群经之首，大道之源"的《周易》。

《周易》简称《易》，内容包括《经》和《传》，《经》主要是六十四卦和三百八十四爻，卦、爻各有卦辞和爻辞，作为占卦之用。古代人占卜有两种方式，一种是卜，一种是筮（shì）。

卜，也叫占卜，或者龟卜，即用火烧龟甲，然后观察龟甲上形成的纹路，通过纹路判断吉凶；筮，是将一捆蓍（shī）草按照各种规则进行分堆，最后根据分堆后的数目判断吉凶。

《传》是对《经》最早的解说，包含解释卦辞、爻辞的七类文辞共十篇，合称《十翼》。《传》的出现，使得《周易》不再只是一本算卦占卜的书，同时具备了精深的思想体系，所提出的阴阳刚柔、道器之分、天道与人道的联系等学说，对后世中国哲学有深远影响。

1972—1974 年发掘的长沙马王堆汉墓，是西汉前期的墓葬。在马王堆汉墓 3 号墓出土的帛书《周易》与今本的卦辞和爻辞基本相同，但卦名和次序不同，《传》部分的分篇、名称、内容文字也有所差异，对当今《周易》研究具有重大意义。

仓颉造字

" "

黄帝之史仓颉（jié），见鸟兽蹄远（háng）之迹，知分理之可相别异也，初造书契……仓颉之初作书，盖依类象形，故谓之文，其后形声相益，即谓之字。

（选自《说文解字叙》）

汉字是世界上最古老的文字之一，至今已经有六千年左右的历史。关于汉字的创造者众说纷纭，有一种说法认为是仓颉创造了汉字。

据说仓颉有一张宽阔的龙脸，脸上有四只会发光的眼睛，从小就喜欢动脑筋，涂涂画画。后来，他追随黄帝，成为黄帝的臣子。当时，黄帝手下有制定乐律的伶伦，有创造医药的巫彭，有造镜子的尹寿等。黄帝看到仓颉记忆力好，便让他管理牲口和食物，确保族人在需要时能够分配到足够的食物。仓颉聪明勤奋，很快熟悉了牲口和食物的情况，并准确记录下来。然而，随着牲口和食物的储备量不断增减变化，仓颉仅凭记忆已经无法应对，他备感困扰。

仓颉日夜思考，想啊想啊，很快就想到用结绳记事的办法。他找来不同颜色和粗细的绳子，用不同的绳子分别表示不同的牲口和食物。然后开始在绳子上打结，每个结代表一个数字，用打结的数量代表牲口和食物的数量。

　　然而，随着时间的推移，绳结也变得不够实用，因为增加数量容易，但减少数目时解开绳结很麻烦。于是仓颉开始探索新的方法。他在绳结上悬挂石头和贝壳，代表他所管理的物资，当物品增减，他就在绳结上进行添加或减少。这样计数就变得方便多了。这个方法用了几年，没有出过错误，黄帝对仓颉的工作非常满意。

　　过了一段时间，黄帝再次召见仓颉，称赞他能干，并为国家做出了巨大贡献。黄帝给予他更重要的工作，要他记录每年的祭祀活动、狩猎结果以及部落人口的增减情况，确保所有事务井然有序。仓颉听后感觉工作量增加了许多，仅凭结绳和挂贝壳肯定不够了。他又开始苦思冥想，寻找新的办法。

　　有一天，仓颉参加部落的集体狩猎，来到一个三岔路口，看到几位猎人正在谈论哪个方向有什么猎物，仓颉好奇地问他们是怎么知道的，猎人们告诉他是根据野兽的脚印判断出猎物的方向。这时，仓颉灵光一闪，他想到可以利用动物的脚印记录信息，于是他开始观察不同动物的脚印，记下它们的特征和方位，用以记录相关信息。这个方法更加方便准确，仓颉用了许多年，一直没有出错，黄帝对他的工作再次表达了满意，大家也都称赞他的聪明才智。仓颉听到后非常高兴，他心中闪过一个灵感，心想："既然一个脚印可以代表一种野兽，为什么我不能用符号来表示我所管理的事物呢？"于是他兴冲冲地回家，开始创造各种符号来表示不同的事物。果然，他凭借这些符号，很快就能清晰地管理所有事务。黄帝得知后，命令仓颉到各个部落传授这一方法，渐渐地，这些符号的使用方法被推广。仓颉不断总结和完善这些符号，慢慢形成了文字。

据说，仓颉造字成功的那天，天地间再也藏不住秘密，于是天上下起了粟雨，灵怪不能隐藏形迹，只能在夜里大哭。虽然这只是一个传说，但由此可见，文字的发明是一件"惊天地、泣鬼神"的大事件。

思考与启示

仓颉通过观察鸟兽的足迹创造了文字，这启示我们在生活中，细致的观察能为我们提供丰富的素材和灵感。同时，挖掘事物背后的本质规律，将观察与思考相结合，才能不断拓展我们的认知边界，创造出有价值的成果。仓颉勇于突破传统，创造出一种符号系统来表达思想和传递信息，也提醒我们要有创新的勇气，敢于挑战现有的观念和方法。创新往往伴随着风险，但正是这种勇于突破的精神推动着人类社会不断向前发展。

认识甲骨文

甲骨文是中国商周时期刻写在龟甲和牛、羊等兽骨上的文字。1899 年，清朝人王懿（yì）荣首次发现甲骨文，此后在安阳殷墟、陕西、山东等地出土了大量商代和西周甲骨，1928 年后经多次发掘，先后出土达十余万片。已发现的甲骨文单字在 4500 字左右，可识读的大约有 1700 字。

甲骨文记载的内容十分丰富，涉及祭祀、战争、农牧业、官制、刑法、医药、天文历法等。甲骨文是中国已发现的古代文字中年代最早、体系较为完整的文字，对中国文字的形成与发展有深远的影响。目前所知，我国有文字可考的历史从商朝开始。

甲骨文使用象形、指事、会意、形声等多种造字方法。象形是最原始的造字方法，用图形、线条把物体的外形特征勾画出来。甲骨文中约 40% 都是象形字。甲骨文已经具备了汉字的基本结构，稍后出现了金文，也就是铸造在殷商与周朝青铜器上的铭文。后代的汉字便是从甲骨文、金文演变而来的，此后汉字又经过了篆（zhuàn）书、隶书、楷书、草书、行书等阶段，成为承载文化的重要工具。

《搜神记》

古代志怪小说的最高成就

关于作品

《搜神记》：一部记录古代神怪灵异故事的小说集，其中还保存了一些民间传说。它是集我国古代神话传说之大成的著作，搜集了古代的神异故事共三十卷，今存辑录本二十卷，开创了我国古代志怪小说的先河。

关于作者

干宝（？—336）：字令升，新蔡（今属河南）人。东晋时期的史学家、文学家，勤学博览，好阴阳术数。创作了《晋纪》，因著作简略明了，直书史实，被称赞为良史。

成汤祷雨

> 汤既克夏，大旱七年，洛川竭。汤乃以身祷于桑林，剪其爪、发，自以为牺牲，祈福于上帝。于是大雨即至，洽于四海。
>
> （选自《搜神记·卷八》）

夏朝的国君夏桀（jié）执政期间暴虐荒淫，胡作非为，引得民怨沸腾。公元前1600年，宽厚仁慈的汤王率领部队消灭了夏朝，建立了商朝，在人民的拥戴下正要带领国家走向强大时，却偏偏遇上天公不作美，一连大旱了七年。江河里的水都干涸了，沙石都快要被晒化了，在这样的环境下，人民生活苦不堪言。

汤王十分着急，他想了很多办法，但都不见成效。史官占卜后说："从占卜的结果上看，要使上天降雨，必须用人作祭品，这样天神看到我们的真诚，才有下雨的希望。"汤王听了，皱着眉头说："不行！不行！我求雨是为了人民，如果一定要牺牲一个人，那就牺牲我吧。"

汤王的大臣连忙劝说："这可万万使不得！我主为万民之君，不可如此。"

汤王回答说："我的臣民都是好臣民，让他们哪一个去死，我都舍不得。"汤王不忍看着自己的臣民再受干旱之苦，于是下定决心牺牲自己，举办求雨大典。

到了举行求雨典礼的那天，汤王身穿布衣，浑身缠上白色的茅草，乘坐一辆白色的车，由一匹白色的马拉着向殷民族的神社桑林前行，在他的前方有一队人马抬了三足鼎，有一列人马打着旗幡（fān），有乐师团队奏着音乐，还有巫师在高声朗诵着求雨的祝祷文。

到了桑林，汤王的臣民们能来的都来了，他们怀着复杂的心情看着自己的国君，眼神里都带着惋惜和悲痛，却阻止不了汤王的决心。汤王毅然决然地向神坛走去，神坛前面已经堆满了柴火，祭盆里燃烧着熊熊的燔（fán）火，几个巫师正在神坛上做着法事。汤王在神坛前跪下，虔（qián）诚地向神祈祷："我一人有罪过，不要殃（yāng）及万民；万民有罪的话，都归咎于我一个人。不要因为我一个人的过错而让上帝鬼神伤害人民的性命。"

汤王的祈祷是如此真诚而有力，守在一旁的臣民们都落泪了。这时，主持求雨典礼的大祭师用剪子剪下汤王的头发，又剪下他长长的指甲，一起扔到祭盆里烧掉了。然后有两个巫师扶着汤王，登上那高高的柴堆，当悲壮的号角声响起，巫师们不得不正式开始求雨典礼。巫师们从祭盆里点燃火把，然后举着火把围绕着柴火堆跳着唱着，向上天许下求雨的愿望，就这样环绕几圈以后，他们便将火把扔到柴火堆里。先是噼里啪啦的几团火苗，在干燥炎热的天气里，火苗很快就变成了熊熊火焰，将站在柴火堆上的汤王包围住。眼看汤王就要被大火吞没了，臣民们都悲痛地闭上眼睛，不忍再看下去，有人隐隐地啜

（chuò）泣。

"求求上天放过仁慈的王吧。"有人向上天许愿。

"呜呜呜……"有小孩儿正在哭泣。

就在这时，呼呼呼……有风吹来了。人们抬头看向天空，成片成片的乌云聚拢而来。或许是汤王和他的臣民们的虔诚感动了上天，奇迹发生了，在电闪雷鸣中，哗啦哗啦的大雨倾泻而下，驱散了人们脸上的愁容，也浇灭了汤王身上的火焰。

干涸的大地终于被雨水浸润，人民的生活终于又有了希望，人们在大雨中欢呼、跳跃，人们虔诚地唱着赞歌，歌颂汤王的仁德感动了上天，降下大雨灌溉（gài）土地，拯救了万民。看着臣民们开心的样子，汤王的脸上也终于绽放了笑颜。

思考与启示

汤王不惮（dàn）以身牺牲，祈雨拯救万民，他的故事告诉我们，所处的位置越高，责任越大。这体现出领导者的责任意识，在面对困难和问题时，不推诿、不逃避，主动反思自身决策和行为，积极寻求解决办法。同时，在面对自然灾害等不可抗力时，我们需要保持敬畏之心，认识到自己的渺小和无力，在认识自然规律的基础上改造自然，积极采取科学合理的措施来应对和解决问题。

成汤灭夏

传说夏朝的末代君主桀是个有名的暴君，他认为自己是天下共主，可以为所欲为。由于桀的暴虐统治，民怨四起。这时，黄河下游一带的商国日渐兴盛，当时的国君叫成汤，历史上也称为商汤。他英明能干，颇有韬略，又有德才兼备的贤士伊尹辅佐。

成汤是一个宽厚仁慈的人。一次，成汤外出，看到一个猎人四面张开网想捕杀四方的鸟儿，成汤却想将鸟儿放走，诸侯们都觉得成汤仁慈，于是纷纷归顺。商国势力的发展，使桀觉得受到了严重的威胁。终于有一次，桀找了个借口把成汤骗到了都城，将他囚禁在夏台。后来伊尹献给桀很多财物和美女，这才救出了成汤。

成汤回国后，开始征服夏周边的一些小诸侯国。他首先将矛头指向忠于桀的葛国。葛国国君葛伯不理国事，也不祭祀天地和祖先，这在当时是最大逆不道的事，天下人皆可得而诛之。之后成汤灭了葛国，接着又灭掉十一个小国，其中包括与夏最亲近的昆吾国。

一系列准备工作完成后，成汤准备直接讨伐夏桀。由于夏桀作恶多端，商军将士都愿听从成汤调遣。商军将夏军打得大败，桀最后流窜逃亡而死。成汤胜利后，四方诸侯都来归附他，于是成汤登上天子之位，建立了商朝。

彭祖长寿的秘密

"

彭祖者，殷时大夫也。姓篯（jiǎn 或 jiān），名铿（qiāng）。帝颛顼之孙，陆终氏之中子。历夏而至商末，号七百岁。常食桂芝。历阳有彭祖仙室。

《搜神记·卷一》

在很久很久以前，有一个妇人怀孕三年，但迟迟无法生产，最后不得不从腋窝下剖出来，妇人为她的孩子取名为篯铿。篯铿是颛顼的玄孙，人们也叫他彭祖。彭祖是颛顼后代里最有名的一个，因为他从夏朝初年一直活到了商朝末年，活了七百多岁，也有说是活了八百多岁，所有人都想知道他长寿的秘密。

商纣王作为一国之君，享受无尽的荣华富贵，但是却逃脱不了生老病死。他看到彭祖已经七百六十七岁，身体仍然健康，看上去一点儿都不显老。商纣王特别羡慕彭祖，于是特意派了采女去向彭祖请教养生之道。据说，这采女也是一位神女，已经两百多岁了。

采女见了彭祖，谦虚地请教："先生，纣王让我来问问您长寿的秘诀，能不能指教一二？"

彭祖看到老百姓在纣王的暴虐统治下，生活痛苦，于是他委婉地拒绝道："延年益寿的方法你肯定也知道不少，可是就我本人来说，我还没生下来父亲就死了，母亲抚养我到三岁，也死了。剩下我这个孤儿，在战争中流离失所达一百年。从我年轻时到现在，总共死了四十九个妻子，夭折了五十四个儿子，我经历的人生苦难太多了，精神上也大受打击。您看我现在这么瘦，加上我从小身体就不好，长大后也没有好好调养，哪里有什么延年益寿的秘诀啊！"

彭祖说完就叹息一声，悄悄离开了。后来，过了七十年，听说有人在流沙国的西部边境上，看见他骑着一匹骆驼，在那里慢悠悠地走着。

那彭祖长寿的秘密到底是什么？有人看到彭祖经常吃一种灵芝，认为吃灵芝能延年益寿；也有人认为彭祖是善于做呼吸调养；道家学派则认为彭祖是得了"道"，正如古时候得"道"的"真人"睡觉的时候不做梦，醒来的时候不忧愁，吃东西时不求美味，呼吸时气息深沉，遵循着自然规律，明白生死是生命的自然过程；还有人说彭祖善于烹饪，他会做一种美味的野鸡汤，还把这种汤分享给天帝品尝，天帝觉得味道很不错，于是高兴之余，给了他几百年的寿命。

由此推测，彭祖的养生秘诀应该就是合理的饮食、适度的运动和良好的心态。在饮食上他自己擅长烹饪，懂得营养搭配，饮食规律，不过饥过饱；在运动上，他通过"吹呴（xǔ）呼吸、吐故纳新"的呼吸调养；在心态上他遵循自然规律，强调少思、少欲、少怒等，减少欲望和情绪的波动。

这或许就是彭祖长寿的秘密，看似简单，但能长期坚持下来并不容易。

思考与启示

彭祖经历了漫长的岁月和诸多世事变迁，但依然能保持内心的平静，这就启发我们在生活中要学会调整自己的心态，以平和、从容、乐观的态度面对各种困难和挫折，不过分焦虑和急躁，避免情绪过度波动，对身心健康造成不良影响。要想身体健康，饮食上要注意营养均衡，不要暴饮暴食，不要挑食，少吃高油高糖食品；适量的体育运动也能让身体更健康。

拓展阅读

古代的名医

中国古代有许多名医，为我国的医学发展做出了卓越的贡献。

扁鹊，是战国时期医学家，姓秦，名越人。擅长各科，著有《难经》。他能通过望、闻、问、切四诊法准确诊断疾病，被后人推崇为脉学的倡导者。

华佗，东汉末年医学家，精通内、外、妇、儿、针灸各科，尤其擅长外科，首创使用麻沸散做全身麻醉后施行腹部手术，还发明了五禽戏，帮助人们加强体育锻炼，增强体质。

张仲景，东汉末年的医学家，被后人尊称为"医圣"，著有《伤寒杂病论》，广泛收集并整理了各种有效的治疗原则和方法，对中医学发展有重大贡献。

葛洪，东晋时期道教理论家、医学家，著有《肘后备急方》，记载内、外、妇、儿、眼各科疾病的治疗方剂，并介绍各种灸法。最早记录结核病、天花、恙（yàng）虫病等多种传染病的症状和治疗，并介绍了多种急症的急救方法，反映了公元3到4世纪中国的医学成就。中国女药学家屠呦呦就是从《肘后备急方》中受到启发，在青蒿（hāo）中提取了青蒿素。

孙思邈（miǎo），唐代医学家，著有《千金要方》，总结唐代以前的医学理论和临床经验，是中国最早的临床百科全书。

李时珍，明代医学家，致力于药物和脉学研究，重视临床实践和革新。著有《本草纲目》，系统地总结了中国16世纪以前的药物学知识与经验，是中国药物学、植物学等领域的宝贵遗产，对中国药物学的发展起到了重大作用。

《三五历纪》

最早记载盘古神话的古籍

关于作品

《三五历纪》：三国时期记述上古传说的古籍。关于盘古开天辟地的记载最早见于此书，较之女娲、伏羲、神农等神话的记载出现得更晚。书中记载了盘古及三皇五帝的事迹，又间杂日月星辰等宇宙构成观念，是如今研究盘古神话最重要的史料。

关于作者

徐整：三国时吴国人。据史料记载，他曾任吴国太常卿，掌管宗庙礼仪。徐整把当时流传于这一地区的盘古神话记录于《三五历纪》和另一本书《五运历年纪》中，虽然原著已经散失，但《艺文类聚》卷一、《太平御览》卷二、《广博物志》卷九都保存了部分段落。

盘古开天辟地

天地浑沌（dùn）如鸡子，盘古生其中。万八千岁，天地开辟，阳清为天，阴浊为地。盘古在其中，一日九变。神于天，圣于地。天日高一丈，地日厚一丈，盘古日长一丈。如此万八千岁，天数极高，地数极深，盘古极长。

（选自《三五历纪》）

远古时期，天和地还没有分开的时候，整个宇宙就是黑乎乎的混沌一团，就好像是一个大鸡蛋。人类的祖先盘古就孕育在这个大鸡蛋之中，他在里面一天天长大，这一长就足足长了一万八千年。

有一天，盘古从睡梦中醒来，发现四周漆黑一片，什么都看不见，感到十分憋闷。于是他不知从哪里抡起一把大斧头，用力一挥，只听轰隆一声巨响，混沌裂开了，它一分为二变成了两个部分。其中一部分有些轻而清的东西不断往上飘，飘着飘着就变成了天；而另一部分浑浊厚重的东西则不断地往下沉，就变成了地。

天和地分开以后，盘古很高兴，他想自己终于可以好好活动一下身体了。但这时他突然发现天和地又在一点点地合拢，盘古很着急，他怕世界会重归黑暗，于是，盘古连忙岔开双脚，挺直了腰，头顶着天，脚踏着地，站在天地的中间，并且随着它们的变化而变化。当天升高一丈，地增厚一丈，盘古的身体也跟着长高一丈。

就这样又过了一万八千年，天升得极高了，地变得极厚了，盘古的身体也长得极高了。据说此时，天已经离地有九万里，盘古的身体也长了九万里。这巍（wēi）峨（é）的巨人，就像一根擎（qíng）天巨柱，撑在天和地中间，不让它们有重归于黑暗混沌的机会。盘古一个人孤独地站在天和地之间，不怕苦也不怕累，做着这份撑天拄地的工作。又不知道过了多长时间，到后来，天和地终于稳定下来，盘古也不必再担心它们会合在一起。但他已经累得精疲力竭，实在没有力气，就此倒了下去。

盘古临死的时候，突然世界又发生了变化。他口中呼出的气体，变成了风和云；他的声音变成了轰隆隆的雷鸣；他的左眼飞上天空，变成了太阳，给大地带来光明和希望；他的右眼飞上天空变成了月亮，给黑夜带来安宁；他的四肢五体化为支撑东、西、南、北四方的擎天巨柱和五岳名山；他的血液变成江河；筋脉变成山川道路；他的肌肤变成肥田沃土；他的头发、胡须变成天上的星星；他的皮肤、汗毛变为草木；他的牙齿和骨头变成金属岩石；他的骨髓化为珍珠美玉；他的汗水化作滋润万物的雨露。

这就是盘古开天辟地的故事，伟大的巨人盘古，用他的整个身体创造了一个美丽的世界。

思考与启示

　　盘古敢于凭借自己的力量和意志用斧头劈开天地，创造出一个全新的世界，这启示人们在面对未知和困难时要有勇于开拓、敢为人先的精神，不畏惧挑战和变革，积极主动地去探索和创造新的可能，敢于突破传统的束缚，开创属于自己的道路和未来。

拓展阅读

世界各国的创世神话

　　在生产力低下的远古时代，人们对世界和万物的起源充满困惑。当时科学技术并不发达，于是借助幻想产生了种种创世神话，比如中国的盘古开天辟地神话、希腊神话、北欧神话等。

　　在希腊创世神话中，世界一开始是混沌一片，混沌中第一个诞生的神是大地之母盖亚，她是所有天神的始祖，也是宙斯的祖母。盖亚拥有承载万物之种和生命之泉的生命之瓶。她将万物之种撒播在土地上，然后以生命之泉浇灌，从此世间便孕育出了生命。盖亚终日在天上向凡间灌注生命之泉，以确保万物不断繁衍、生生不息。

在北欧创世神话中，存在着冰雪和火焰两个世界，全能的奥丁利用火焰与冰雪交战，最终塑造了世界。奥丁用火之国的火焰做成了太阳、月亮和星星，让世界拥有了光。奥丁又取梣（cén）木制造男人，取名为"阿斯克"，取榆木制造女人，取名为"恩布拉"，并赐予他们生命和灵魂。

而在印度，传说世界万物（包括神、人、魔鬼、灾难）皆由梵天创造，故称梵天为始祖。

《博物志》

中国第一部博物学著作

关于作品

《博物志》：继《山海经》之后又一部包罗万象的奇书，填补了中国博物类书籍的空白。内容多取材于古书，分类记载了异境奇物及古代琐闻杂事，包括很多神话故事，还有不少物理、化学、生物、地理等知识，其中关于中国西北地区石油和天然气的记载，颇有史料价值。

关于作者

张华（232—300）：字茂先，范阳方城（今河北固安西南）人。西晋大臣、文学家。他以知识广博著称，擅长诗赋，辞藻典雅，精通目录学。

湘妃斑竹

尧之二女，舜之二妃，曰湘夫人。舜崩，二妃啼，以涕挥竹，竹尽斑。

（选自《博物志·卷八》）

相传，娥皇和女英是尧的两个女儿，同嫁舜为妃。当时，湖南的九嶷（yí）山上出现了九条恶龙，它们住在九个洞穴里，经常出来捣乱，在湘江里戏水玩耍，掀起巨大的波浪，导致洪水泛滥，将附近的农田和村庄都淹没了，让百姓们无家可归，苦不堪言。

舜帝知道这件事情后，深深挂念着那里的老百姓，他决定亲自南巡去惩治这些恶龙。舜帝的两个妃子娥皇和女英虽然心中万分不舍，但她们也明白舜帝是为了拯救那里的老百姓，所以只能不舍地送走了舜帝。

舜帝走后，娥皇和女英就在家中盼望着舜帝能早日归来，等啊等啊，等到燕子几度来回，花儿开放了又凋谢，时间一年一年地过去了，舜帝却没有任何音讯。娥皇和女英实在等不下去了，她们决定亲自去寻找舜帝。

她们一路上跋山涉水，翻山越岭，走过了很多很多的路，吃了很多很多的苦，终于来到了湖南的九嶷山，在九嶷山的最高峰有一个叫作三峰石的地方，这里有三块巨大的石头被翠竹环绕着，石头上建有一座用珍珠垒成的高大坟墓。她们看到坟墓觉得非常惊奇，便问当地的乡亲："这个坟墓修建得如此壮丽，里面埋葬的是什么人啊？"乡亲们哽咽地回答道："这是舜帝的坟墓，他从遥远的北方来到这里，拼尽全力帮助我们剿灭了九条恶龙，让我们过上了安宁的生活，但是他却献出了自己的生命。"听完乡亲们的话，娥皇和女英才知道，舜帝已经离开了人世。

娥皇和女英得知事情的真相后，悲痛地抱头哀哭。她们哭喊道："我们的夫君舜帝啊，您对待臣民如此关爱，即使年事已高，仍然前往湘江为民除害。我们的夫君舜帝啊，您竟然如此忍心绝情，即使客死异乡，也不让我们知晓真相……"她们不停地哭泣，眼泪洒在了九嶷山的竹子上，神奇的事情发生了，九嶷山的竹子上竟然形成了点点泪斑，就像两位妃子的眼泪。这些斑点有紫色的，有雪白的，还有鲜红如血的。无论风吹雨打，这些斑点都印刻在上面，仿佛在诉说舜帝和两位妃子的离别之痛。从此以后，人们便称呼这些竹子为"湘妃竹"，又称为"斑竹"。

再后来，她们走到湘江，不幸突然遇到风浪弄掀了船，她们就带着悲痛跌落到了湘江中，成了湘江的神灵，被合称为"湘夫人"。

思考与启示

娥皇和女英面对舜帝的离世，万分悲痛，泪洒竹子，有了湘妃竹，这启示人们要珍惜身边的人。她们对舜帝的深情历经岁月而不变，这种追思也是对情感的坚守和承诺。亲人的死亡是人生中极其痛苦的事情，面对悲恸，我们首先不要压抑和否定自己的情绪，可以通过哭泣、倾诉等方式来释放，与身边的人互相支持，共同度过这个艰难的时期，调整好心态，坚强地走向未来。

拓展阅读

湘妃竹的"斑点"从何而来?

在神话传说中，湘妃竹上的斑点是娥皇和女英的眼泪，这种说法充满了浪漫而悲情的美感。从科学角度看，竹子在生长过程中受到外界环境的影响，比如光照、温度、湿度等环境条件的变化，或真菌感染、病虫害侵袭，都有可能导致其表皮或内部组织发生变化，从而形成类似于斑点的痕迹。

因为湘妃竹有着独特的斑纹和自带的文化价值，所以常常被用于制作竹扇、竹笛等工艺品；还可以做成好看的文房用品，比如毛笔、笔筒等；有的还可以制作成家居用品，比如竹帘、竹屏风等。

总而言之，湘妃竹因其独特的斑点，具有一般竹子不具备的观赏价值和文化价值。

《拾遗记》

中国古代神话志怪小说

关于作品

《拾遗记》：也叫《王子年拾遗记》，是东晋时期的一部志怪小说集。原书已残缺，今传版本是南朝梁萧绮在原书基础上整理撰写而成。记载自上古伏羲氏、神农氏到东晋各代异闻，以及昆仑、蓬莱等仙山事物。内容集杂史、博物于一体，语言华丽奇诡，所叙之事大多情节曲折，辞采可观，具有很高的文学成就和艺术成就。

关于作者

王嘉：字子年，东晋时前秦陇西安阳（在今甘肃渭源）人。他是一个隐居的道士，先是在东阳谷隐居，后来在终南山隐居，弟子追随受业者有数百人。

燧人氏钻木取火

> 燧（suì）明国不识四时昼夜，有火树名燧木，屈盘万顷。……有鸟名鹗，啄树则灿然火出，圣人感焉，因取其枝以钻火，号燧人。
>
> （选自《拾遗记·卷四》）

远古时期，人们不知道有火，只能生活在寒冷和黑暗中，食物也是生吃，所以经常生病，寿命也很短。

一天，山林中下了一场雷雨，咔嚓一声，雷电击中了一棵大树，树木燃起熊熊大火，人们一开始很害怕，四处逃窜。但火发出明亮的光芒和温暖的热量，给人们带来了光明和温暖，同时，人们还发现不远处有被火烧死的野兽，散发着阵阵香味，有大胆的人尝试了一下，发现野兽肉经火烤后是如此美味。自此，人们终于明白了火的用途，于是纷纷捡来树枝，堆在火种旁，这样就能把火种保留起来。人们日夜轮流守护着火种，不让它熄灭。

有一天晚上，天上又下起了大雨，守护人没有保护好火种，火种被浇熄了。人们害怕重新陷入黑暗和寒冷之中，于是虔诚地向神灵祈求重新赐予火种。但是不管人们如何虔诚祈求，神灵好像都不为所动。看到人们如此痛苦，有一个年轻人心急如焚，他到处寻找重新得到火种的办法，最后他得知很远的地方有一个燧明国，那里有火种，于是年轻人决定到燧明国去寻找火种。起初，人们对他的决定很担心，一来路途遥远，难免会遇到危险；二来找不到燧明国怎么办，或者燧明国没有火种怎么办。但是这个年轻人的意志十分坚定，他立誓一定要将火种带回来。

　　年轻人很快启程开始了他的寻火之旅。他翻过一座座高山，涉过一条条大河，穿过一片片森林，终于来到了燧明国。但是燧明国与他想象的完全不一样，这里是一个太阳和月亮的光辉都照不进来的地方，四周一片漆黑，也不分昼夜，根本没有火种存在的迹象。

　　年轻人很失望，他坐在一棵叫"燧木"的大树下想休息会儿，突然，年轻人的眼前出现了一点一点的亮光，亮光一闪一闪的，把周围照得通明。年轻人疑惑地站起来，四处寻找光源。这时候他发现燧木上有几只大鸟正在用喙啄树上的虫子。鸟喙短而硬，只要它们一啄，树上就迸出明亮的火花。年轻人看到这一切，脑子里突然灵光闪现，他立刻有了一个主意。只见他折了一些燧木的树枝，用小树枝去钻大树枝，大树枝上果然闪出了一些火花，但是却没燃烧起来。年轻人不灰心，接着找来各种树枝，耐心地用不同的树枝进行试验。终于，树枝冒烟了，然后着起了火，树枝燃烧起来了，年轻人终于找到了火。随后年轻人在燧木上收集了一些树枝，他小心地带着树枝赶回了家乡。

　　年轻人回到家乡后，人们团团围住了他，等待着他拿出火种。谁知年轻人却小心地从怀中掏出几根小树枝，人们大失所望："怎么是树枝啊？火种在哪里呢？"在人们疑惑的目光中，年轻人不慌不忙地走到一棵大树前，然后拿着小树枝使劲地在大树枝上钻着。

"火！火！"一个人突然喊起来，原来那树枝上发出了火焰的光芒，接着出现了小小的火苗，然后树枝燃烧起来。人们兴奋地欢呼起来："我们有火种了！我们有火种了！"

年轻人举着燃烧的树枝，对着人群宣布："我已经掌握取火的方法了，以后我们就可以自由用火了！"于是，人们也学着年轻人的样子，拿起树枝在树上不停地钻着，不一会儿，树枝果然燃烧起来。人们兴奋地呐喊，围着火焰欢快地跳舞。

年轻人发现了钻木取火的方法，为人们带来了持久可靠的火种，从此，人们再也不用在寒冷和恐惧中生活了。人们钦佩这个年轻人的勇气和智慧，推举他做了部落首领，并称他为"燧人氏"，就是取火者的意思。

思考与启示

火的使用是人类文明发展的一个重要里程碑。在历史上，每一个小小的创新和进步都可能对人类文明的发展起到巨大的推动作用，我们也应该珍惜和继承人类的文明成果，同时也要不断地努力创新，为人类文明的进步做出自己的贡献。

火对原始人的重要意义

火的发明，给处于猛兽出没的严酷自然环境中的原始人提供了很好的保护。对火的畏惧，是绝大多数野兽与生俱来的本能。在人工取火发明之前，人抵御猛兽侵袭的方式很单一，有了火之后，部落甚至个人也能轻松地保住自己的性命，有效减少了人口损耗。

火的发明还带来了食物烹饪，熟食的出现进一步让人摆脱了生吃食物带来的种种不良影响，有效提高了人的体质，延长了人的寿命，提高了新生人口出生率，进一步扩大了人的种群数量。

火的发明还让人有了更多探索世界的方法。通过对石头、木头、骨头、泥土等自然物体进行煅烧和精细加工，人手中的工具具备了更高的质量，生产活动提高了效率，人的生活条件也得以改善。总结来说，火的发明和使用，是人区别于野兽的特征之一，是人从动物到智慧生物过渡的重要标志。

百鸟之王少昊

> 少昊以金德王，母日皇娥，处璇（xuán）宫而夜织，或乘桴（fú）木而昼游，经历穷桑沧茫之浦。时有神童，容貌绝俗，称为白帝之子，即太白之精，降乎水际，与皇娥宴戏。
>
> （选自《拾遗记·卷一》）

百鸟之王少昊出生在远古时代，关于他的出生充满了神奇的梦幻色彩。据说他的母亲皇娥是天上的织女，有时候她工作累了，就会悄悄乘一只木筏，悠闲地荡漾在浩瀚的银河中。

一天，皇娥乘木筏在银河中溯流而上，不知不觉来到了西海之滨的一棵穷桑树下。只见穷桑树高达万丈，根深叶茂，叶子就像秋天的枫叶一样红，果实是紫色的，据说凡人吃了能活得比天地还长久。

皇娥很喜欢这棵繁茂的穷桑树，她常常在树下休憩玩耍。一天，她忽然看到一位超凡绝俗的少年来到这里。少年是早晨在东方天上闪闪发光的金星，他也是到银河来休憩玩耍的。两个年轻人就这样相识了，少年跳上了皇娥的木筏，两人一同乘着木筏荡漾在银光闪闪的河面上。少年给皇娥弹琴唱歌，两人一唱一和，非常开心。慢慢地，他们相爱了，结为夫妻，生下了儿子少昊，又叫穷桑氏。

少昊诞生的时候，有五只凤凰落在了少昊家的院子里。这五只凤凰颜色各异，分别是红、黄、青、白、玄色，代表着五个方位，因此少昊又被称为"凤鸟氏"。

少昊在父母的精心栽培下，不仅身体健壮，还具有神奇的天赋和超凡的本领。他长大之后，便在东方海外建立了一个国家，叫少昊之国。这个国家非常特别，朝廷百官都是各种各样的鸟儿，可以说是一个鸟儿的王国。在这些官员中，凤凰是百鸟的大总管；燕子、伯劳、鹦雀、锦鸡分别掌管一年四季的天时，指导臣民的生产活动。

另外，有五种鸟掌管国家的政事：鹁（bó）鸪（gū）善待妻子、孝敬父母，所以他掌管教育；鹫（jiù）鸟勇武凶悍，大家便推举他掌管兵权；布谷鸟在桑树上养了七个儿子，每天飞上飞下地来回喂养他们，从来都不偏心，于是大家推举它掌管建造房屋，以免有分配房屋不均的情况；鹰鸟铁面无私，威严公正，负责掌管法律和刑罚；斑鸠整天都叽叽喳喳地叫个不停，于是掌管言论。

还有五种野鸡分别管理木工、金工、陶工、皮工、染工；又有九种扈（hù）鸟管理农业上的耕种和收获。

百鸟之国里所有的官员都是鸟儿，每当少昊坐在朝堂上，跟百官议事的时候，那个场景也是十分有趣：会听到清脆的、响亮的、浑厚的各种各样的声音齐鸣，有的像在唱动人的歌曲，有的像在扯着嗓子叫骂。大家说到激动的地方，还喜欢挥动翅膀扬起绚烂的羽毛，以至于不同色彩的羽毛在空中飘荡。

朝堂议政的场面混乱里又有秩序，大家都能够发表自己的意见，议论的结果也会记录下来，然后被百官监督实施。少昊以自己的智慧和仁爱而深得百官的敬重，在他的治理下，百姓的生活安定而幸福。

思考与启示

少昊作为百鸟之王，自身具备高尚的品德和卓越的才能，为众鸟树立榜样。他将不同种类的鸟整合在一起，形成了一个有序的体系，这启发人们在领导团队或组织时，要善于团结各种不同的力量，尊重每个人的特点和优势，发挥团队的最大效能。要根据不同个体的特点进行分工，各司其职，提高做事效率。

拓展阅读

少昊的子孙后代

一出生就不平凡的少昊，建立了百鸟之国，成为西方天帝。而他的子孙后代们也不容小觑，比如以下的几位：

句芒是少昊在离开百鸟之国时，留在东方的儿子。句芒鸟身人脸，是古代神话中的木神和春神，在东方天帝伏羲的身边担任属神。

蓐收是少昊的另一个儿子，少昊带着蓐收一起到了西方。蓐收在父亲身边当属神，除和父亲一起管理落日之外，还掌管着上天的刑罚。虢国的国王就曾经梦见他，但这个国王却杀了警醒他的太史，引得手下的大臣舟之侨愤怒离开，后来有了假道伐虢、唇亡齿寒的故事。

穷奇也是少昊的子孙，据说穷奇是一只像老虎的凶兽，它有翅膀能在空中飞翔。一种说法认为它还会吃人，不过另有一种说法认为穷奇能帮助人类吃掉害人的家伙。

除了这三位，少昊的后代还有发明弓箭的般、帮助大禹治水的伯益。在一个叫作"一目国"的神奇国家，这里的人只有一只眼睛长在脸的中央，也是少昊的后代。

《太平广记》

第一部文言纪实小说总集

关于作品

《太平广记》：我国古代一部文言小说总集，取各种稗史、笔记、小说等编纂而成，与《太平御览》《文苑英华》《册府元龟》合称"宋代四大书"，保存了大量宋以前的文言小说，对后世小说发展影响深远，具有很大的研究价值。

关于作者

李昉（925—996）：字明远，真定（今河北正定）人。北宋文学家。曾参与编纂《旧五代史》，主编宋代四大类书中的三部《太平御览》《文苑英华》《太平广记》，在保存古代文献方面有重要贡献。

巫山神女

> 云华夫人，王母第二十三女，太真王夫人之妹也。名瑶姬，受徊风、混合、万景、炼神、飞化之道。尝东海游还，过江上，有巫山焉，峰岩挺拔，林壑幽丽，巨石如坛，留连久之。
>
> （选自《太平广记·卷五十六》）

相传神女瑶姬是西王母的第二十三个女儿，她以三元道君为师，受上清宝经，在紫清阙下受宝书，封为云华上宫夫人，也叫云华夫人。有一天，瑶姬从东海云游归来，经过长江之上，看到岸边有一座巫山，巍峨挺拔的山峰、雄伟壮丽的风景使她流连忘返。

正巧大禹来到这里治理水患，住在巫山脚下，每天不畏艰险，开山疏水。这天，突然狂风大作，吹得地动山摇，根本无法施工。大禹便去拜见瑶姬，向她求助。瑶姬向大禹传授了召神役鬼的法术，又叫狂章、虞余、黄魔、大翳（yì）、庚辰、童律诸神帮助大禹治理洪水，使江水顺畅。

大禹非常感谢瑶姬的帮助，于是特意跑上山向她道谢。但大禹站在山顶四处张望时，瑶姬忽然变成了一块石头，忽然变成了一片云，忽然下起了雨，忽然变成了游龙，忽然变成了白鹤，总之千变万化。大禹见此，觉得这样的变化离奇古怪，不像真仙，于是便询问童律。

童律回答说："云华夫人原本不是胎生，而是西华少阴之气凝聚而成，既是气，就会变化无穷，想化成人的时候化成人，想化成物的时候化成物，轻云、小雨、游龙、飞鹤等，都不在话下，她能随意变成世间万物。"

大禹这才恍然大悟，他再次真诚地向瑶姬道谢。这时，在大山中突然出现了云楼琼台、瑶宫玉阁，有狮子把关，天马带路。瑶姬坐在瑶台上，正式接待了大禹。瑶姬表示非常支持大禹治水的工作，并叫来侍女打开一个红玉箱，拿出一卷治水的仙书交给大禹，又命庚辰和虞余再度去协助大禹治理洪水。大禹得到瑶姬的帮助，终于将天下的洪水治理平息。

瑶姬帮助大禹治水成功后，巫山也变得更加美丽了，她既留恋巫山的美景，也牵挂这里的百姓，于是便留了下来，每天站在高崖上凝目眺望，看着那些在三峡峡谷中的行船，她关心船只和旅客的安全，常常为行船指点航路。她还派出了几百只神鸦，叫它们飞翔在峡谷的上空，随时为行船引路导航。有了神鸦的引导，行船都能平安渡过三峡。

因为瑶姬长久地站在高崖上眺望，日复一日，年复一年，她忘记了天宫的存在，身体也渐渐化为了一座山峰，百姓称它"神女峰"。瑶姬的侍女们也跟着变成了大大小小的峰峦，这就是现在的巫山十二峰。

她们永远站立在那儿，深情地俯瞰着美丽的三峡和来往的船只。当人们坐船经过三峡时，还可以想象她们美丽的身姿。

思考与启示

瑶姬帮助大禹治水，展现了她的善良和慈悲，这提醒人们要心怀善良，乐于帮助他人，在他人遇到困难时伸出援手，为建设和谐社会贡献自己的力量。大禹在治水过程中得到瑶姬的指点，表明在解决问题时要善于借助外部的力量和智慧，不应局限于自己的能力和经验，要学会与他人合作，借鉴他人的长处。

拓展阅读

巫山十二峰

神话故事中的巫山十二峰真实存在于重庆市与湖北省交界之处的巫山中，并列于巫峡两岸。巫峡是长江三峡之一，峡长谷深，幽深绮丽，以秀丽著称天下，最出名的就是并列两岸的巫山十二峰。其中六座山峰位于巫峡南岸，有翠屏、聚鹤、飞凤、净坛、起云、上升；另外六座山峰位于巫峡北岸，有登龙、圣泉、集仙、松峦、神女（望霞）、朝云。其中神女峰峰顶立着人形石柱，宛若少女，最为著名，在神话故事里神女瑶姬就是变成了这座神女峰。

巫峡和瞿塘峡、西陵峡合称长江三峡。其中瞿塘峡是三峡中最短而又最雄伟的峡谷，有"天堑（qiàn）""瞿塘天下雄"之称，沿岸有白帝城、风箱峡古代悬棺等名胜古迹；西陵峡是三峡中最长的峡谷，沿岸有黄陵庙、三游洞、陆游泉等名胜古迹。在西陵峡还有长江三峡水利枢纽工程，是开发和治理长江的关键性水利枢纽工程，下游40千米处，是长江干流的第一个大型水利枢纽工程——葛洲坝水利枢纽。

《夜航船》

有趣的文化常识百科全书

关于作品

《夜航船》：明代的一部百科全书式著作，书中涵盖天文、地理、经济、政治、历史等众多领域知识。其内容丰富有趣，语言简洁明快，是一部能让人增长见闻、领略古代文化魅力的佳作。

关于作者

张岱（1597—1689）：字宗子、石公，号陶庵、蝶庵。山阴（今浙江绍兴）人，出身书香门第，明末清初文学家，一生潜心写作，以小品散文闻名，著作有《琅（láng）嬛（huán）文集》《陶庵梦忆》《西湖梦寻》等，以及史学著作《石匮（kuì）书》。

龙生九子

> 　　一曰赑（bì）屃（xì），似龟，好负重，故立于碑趺（fū）；二曰螭（chī）吻，好远望，故立于屋脊；三曰蒲牢，似龙而小，好叫吼，故立于钟纽；四曰狴（bì）犴（àn），似虎，有威力，故立于狱门；五曰饕（tāo）餮（tiè），好饮食，故立于鼎盖；六曰蚣蝮，好水，故立于桥柱；七曰睚（yá）眦（zì），好杀，故立于刀环；八曰金猊（ní），形似狮，好烟火，故立于香炉；九曰椒图，似螺蚌（bàng），性好闭，故立于门铺。
>
> （选自《夜航船·四灵部》）

　　龙王是统领水族的王，还负责兴云布雨，所以古时候的人都到龙王庙里向龙王求雨。相传，龙的样子集合了很多动物的特点，比如他的头似骆驼，角像鹿角，眼睛像兔子，耳朵像牛，身体像蛇，鳞片像鱼，爪子像老鹰，爪掌像老虎。

　　龙王的样子看上去威风凛凛，很霸气。可是龙王生的九个儿子却不是龙，长相、性格和爱好也都完全不同。后来，人们用"龙生九子"来比喻亲生的兄弟姐妹各有不同的特点。

龙王生的孩子不是龙，那是什么呢？正巧龙王也正在为自己儿子们的未来而发愁，他要亲自去观察儿子们的生活，好给他们安排个好工作。

龙王先是来到大儿子家，大儿子叫赑屃，也有人叫他霸下。赑屃长着龙的脑袋、乌龟的身体，最喜欢的就是举重，经常驮着三山五岳在江河湖海里翻江倒海，让龙王很是头疼。

龙王站在赑屃家门口，可左等右等，没见赑屃来开门，只好千里传音给赑屃："儿子，你在哪里？不会又跑到哪个海里……"龙王觉得赑屃可能又没干什么好事儿，不料赑屃回答说："我找到工作了，正在帮大禹治水，先这样，我去忙了。"

龙王一听乐了："哦，帮大禹治水，这是个好工作啊，不错不错。"说着龙王就往二儿子螭吻家走去，螭吻又叫鸱（chī）吻，龙的脑袋，鱼的身体，平常就喜欢站在屋脊上远望。果不其然，他在一处屋脊上看到了正在远望的螭吻。"唉，我这孩子总是这样不务正业。"龙王心里很发愁，他喊螭吻下来："儿子，你老待在屋顶上干什么呀？"

不料螭吻回答："忙着呢。"

龙王一听就纳闷了："你忙什么呢？"不过还没等他发火，就收到有人在龙王庙求雨的呼喊："城东边失火了，求求龙王下点雨吧。"正待龙王要施展法术，就又听见人们的信息："龙王不用降雨了，您的儿子螭吻已经将火给吞了，他可真厉害。"

原来螭吻整天站在屋脊上远望，是在帮助人们避火消灾啊。"我儿子真厉害啊。"龙王乐呵呵地走了。

龙王的三儿子叫蒲牢，他长得最像龙，但是比龙要小，胆子也很小。蒲牢住在海边，最害怕的就是鲸鱼，看到鲸鱼发起攻击就会吓得大声吼叫，其吼声极为洪亮，据说可以声传百里。

龙王还没走到三儿子家就听到他大吼大叫的声音。龙王心想："哎呀，我这个胆小的儿子。"路过的行人听见龙王这话却反驳道："幸亏有蒲牢敲钟，钟声如雷，才能警醒我们。"龙王这才知道自己的三儿子找到了一份敲钟的工作，深受人们的喜爱。

龙王没有打扰三儿子，悄悄离开，去找四儿子狴犴，狴犴外形长得像老虎，整天板着个脸，总是一脸严肃的样子。不过狴犴也找到工作了，因为他有正义感、长相威严，于是便在牢狱工作，坏人看到他都不敢隐瞒自己的罪行。

饕餮是龙王的第五个儿子，最大的爱好就是吃，为了满足自己的口腹之欲，饕餮找到一份在祭祀时负责分配贡品的工作。龙王感觉很满意，转身去找六儿子。

六儿子蚣蝮喜欢水，头顶有一对犄角，尾巴呈扇形，身体、四肢和尾巴上都有龙鳞。他被人类称为"避水兽"，常常出没在桥梁、码头、堤坝、河边石墩处，帮助人类镇住河水，防止洪水的侵袭。

龙王对六儿子的工作也很满意，于是去找七儿子睚眦。睚眦长着龙的脑袋，豺的身子，他性格刚烈，好勇善斗，勇猛无畏，满面凶光，喜欢打打杀杀。有个成语"睚眦必报"就是源于睚眦的性格特点，形容人心胸狭窄，哪怕被人瞪了一眼，也要报复。龙王很担心睚眦的未来，没想到睚眦竟然找到了一份特别适合他的工作，那就是附在人类的兵器上，使兵器更加锋利，增强兵器的震慑力，赋予使用者无畏的勇气。

龙王的八儿子叫金猊，也有人叫他狻（suān）猊，他长得像狮子，喜静不喜动，好坐，喜欢烟火，所以找了一份看守香炉的工作。

龙王的第九个儿子是椒图，他长得像螺蚌，是个社恐，最不喜欢别人进入他的巢穴，便找了一个看守大门的工作，住在人家的大门上，帮助人们看守门户、镇宅辟邪，庇护家庭平平安安，是人类的守护神之一。

龙王考察完九个儿子以后，他感到很惭愧：以前他总自以为了解自己的孩子，没想到自己对孩子了解还是太少。虽然九个孩子长相、性格和爱好完全不同，但他们都可以选择适合自己的未来。龙王决定以后要更加相信自己的孩子，发现他们身上的闪光点。

思考与启示

在社会中，每个人都有自己独特的才能和性格，我们要善于发现他人身上的优点和特长，让不同的人在不同的领域发挥自己的优势，共同为社会的发展做出贡献。我们也要学会包容他人，尊重每个人的个性和选择。龙生九子承担着不同的职责，人们也要明确自己的职责，勇于担当。

古代典籍中对龙的记载

在我国古代的很多典籍里，都能找到龙的身影。它们或是神秘莫测之物，或是寓意深刻的象征。

《易经》对龙多有提及。如"初九，潜龙勿用"，以龙尚在水中潜伏隐喻时机不成熟时应积蓄力量；又如"飞龙在天，利见大人"，借自由翱翔天际的龙，暗示时机已到，能得贤才助力。

《山海经》中，龙的形象神秘奇幻。《山海经·大荒北经》描述的烛龙："人面蛇身而赤，身长千里，直目正乘，其瞑乃晦，其视乃明，不食，不寝，不息，风雨是谒。是烛九阴，是谓烛龙。"烛龙身长千里，不吃饭、不睡觉、不喝水，掌控昼夜，影响季节，强大而神秘，反映出古人对自然力量的敬畏与想象。

伟大诗人屈原的作品中，也多处出现龙的踪迹。在《楚辞·九歌》中有一句"龙驾兮帝服，聊翱游兮周章"，这里的龙是神灵的坐骑。

《礼记》有云："麟、凤、龟、龙，谓之四灵。"龙在这里成为祥瑞的代表。《左传》则记载"龙见而雩（yú）"，龙被视作能影响降雨的神物，古人通过特定祭祀，期盼龙带来充沛雨水，保障农业丰收。

司马迁在《史记·夏本纪》中记载了一个神奇的养龙故事："天降龙二，有雌雄，孔甲不能食，未得豢（huàn）龙氏。陶唐既衰，其后有刘累，学扰龙于豢龙氏，以事孔甲。"故事是讲夏朝的时候，从天上降下两条龙，一雄一雌，夏朝的君主不会养龙，于是找到一个驯龙人的后代刘累帮他驯龙。

　　龙在中国古代文化中意义非凡。它或是自然力量的化身，或是吉祥权威的象征。关于龙的那些描述是古人智慧与想象力的结晶，说明中国龙文化源远流长。